止合宜、進退有度的風範
蓄婉約、風情萬千之韻味

自信就是
天生的優雅

莉莉安 著

關於本書

如果我們要想起一個優雅如斯的女子，在東方我們會想起清新脫俗的張曼玉，在西方當然要首推擁有精巧的外表以及內外兼修的氣質，而且一生自始自終，都散發出無以倫比的美麗與智慧的奧黛麗．赫本。

奧黛麗．赫本（一九二九～一九九三）是出身於比利時的布魯塞爾的英國女星，一生榮譽非凡，一九五三年以「羅馬假期」贏得26屆奧斯卡最佳女主角，美國第11屆金球獎最佳女主角、英國電影協會第8屆最佳女主角，息影後熱心公益，曾擔任聯合國兒童基金會的親善大使，出訪伊索比亞、厄瓜多等非洲地區……赫本一生本身就是「優雅」的代名詞，也不因為年齡而褪色的「氣質女神」，她喜歡閱讀學識素養豐富，也讓人發現其不為人知的哲學韻味……以下是她的名言，「文如其人」優雅脫俗！

——優雅，是唯一不會褪色的美。

——若要優美的嘴唇，要講親切的話；
若要可愛的眼睛，要看到別人的好處；
若要苗條的身材，把你的食物分給飢餓的人；
若要美麗的頭髮，讓小孩子一天撫摸一次你的頭髮；

——若要優雅的姿勢，走路時要記住街上的行人不只你一個。

——女人之美不在五官而在其內心折射的真美，這就是他給出的關愛和她表現的熱情。女人的這種美是隨著歲月流逝而增長的。

——沒有什麼事情是不可能的——

「不可能」這個詞本身就含有「不，可能。」

——我喜歡有本事讓我大笑的人，笑大概是我最喜歡做的事情了。

——性感是一種深藏在內心的感覺，只能意會，不可言傳。

——你從沒穿過名牌，但你可以讓自己成為名牌。

——我喜歡修指甲，我喜歡打扮，我喜歡哪怕在閒暇時也塗上唇膏穿上盛裝，我喜歡粉紅色。我相信快樂的女孩最漂亮。我相信每一天都是新的一天……我相信奇蹟。

——我經常獨自一人。我很高興整個周末，我可以獨自一個人待在公寓，做我喜歡的事。這正是我充電的方式。

——我曾聽到過一句話：幸福就是健康加上壞記性！真希望是我頭一個說了這句話。因為，這可是千真萬確的真理。

——人比事物更需要重建，刷新，復興，回收和救贖；永遠不要拋棄任何人。

——人之所以為人，是應該充滿精力、認真生活，並能夠自我悔改、自我反省、自我成長，而不是抱怨他人。

——生活就像匆匆在博物館繞一圈，要過一陣子你才開始吸收你的所見，然後思考它們，看書瞭解它們，在記住它們——因為你不能一下子全部消化。

——如果我夠真誠的話，我會告訴你，現在我依然看童話，並且它是所有書目中我最喜歡的。

——如果我的世界明天消逝，我會回顧我有幸——擁有的快樂、興奮以及精彩，而不是悲傷！

——我很早以前就決定，要無條件地接受人生。我從來不期待生活給與我任何特別的東西，但我所成就的似乎總比我原來希望得多得多。大多數我並沒有刻意去追求，它自己就來到了我身邊。

——選擇一天，好好地享受——直到極致。我認為過去的經歷能幫助我享受現在，我不願浪費當下的任何一點去為未來苦惱。

——請記得，如果你需要幫助，你永遠有你的手可以自己動手。當你成長後，你會發覺你有兩隻手，一隻幫助自己，一隻幫助它人。

——我從不把自己當偶像，別人的想法並不是我的想法，我只是做好自己的事而已。

——最重要的事莫過於享受你的人生，活得開心，這是最重要的！

前言

如果你是一個渴望擁有「健康、富有、快樂、幸福」的女人！那麼，你就沒有理由不讀最偉大的人生導師戴爾・卡耐基的文章。

他的勵志哲學是平衡生活的智慧。「平衡生活」這四字箴言，恰恰是所有女人最需要掌握的。自古以來，女人的地位本來就比較尷尬。經濟不獨立不行，不懂相夫教子不行，而到了現在沒有自己的事業也不行……在今日，能平衡生活的女人，一定會成為一個優秀的女人。但不能平衡生活的女人，肯定是一個無限煩惱的女人。

卡耐基的勵志哲學中，有一半是關於女人的勵志哲學。這是因為：在卡耐基去世以後，卡耐基的夫人桃樂絲和他的女兒成為了他的衣缽傳人。她們兩個人不但編撰了戴爾・卡耐基生前的大部分勵志講稿和著作，同時也加入了自己對於女人生活和心靈方面的獨到見解——這些智慧，在時間的河流裡湧現了出來，它們成為了專門寫給女人看的生活教科書。

本書是專門為「妳」量身定做的人生勵志，以及心靈成長的作品。書中說的，都是關於女人的身體與女人的心事，講的全是關於女人自己的故事。從這個角度說，這本書既是女人的生活常識必備手冊，也是女人的品質、氣質的修行隨身寶。

蕾哈娜是歌手、演員，也是藝術家設計師，同時她也是一名企業家，在全球流行文化圈十多年來，人氣一直居高不下，15歲出道以來她不斷成長學習、屢創高峰、追求自己的人生……

——無論你做得好或壞，人們總會說閒話。

——當你學會愛自己，你就不會想成為別人了。

——你必須接受你的身體，你可能不會一直喜歡它，但你一定要感到自在，並瞭解這就是你自己。

——放下那些讓你覺得死氣沉沉的事物，人生值得好好過。

——我認為很多人因為擔心別人的想法，而害怕快樂。

——把目光聚焦在終點，而不是你身體的干擾。

最後她說：「不要躲避你的自我！」

唯有「自信」才是你最美的臉孔，人際關係之間的自信表現比聰明才智更重要；聰明會讓人佩服，自信卻會讓人回味。所以，「你必須深窺自己的內心，然後你會發現一切的奇蹟都在你自己！」奧黛麗．赫本也說過：「女人的美不在於外表，而在於她的靈魂！」

因此——自信就是天生的優雅！

1 個性化的創造

018 第一篇——肯定你自己——好萊塢影星奧黛麗・赫本改名記
020 第二篇——品牌價值——穿一身名牌有什麼用
022 第三篇——內心的聲音——聰明女人最令人著迷的地方
024 第四篇——個性化創造——風格到底意味著什麼
026 第五篇——擺脫時尚壓迫——世界上最好的服飾標準
028 第六篇——使自己快樂——爲什麼跟懷才不遇的人在一起很鬱悶
030 第七篇——女人的愛情觀——與其被輕視，不如輕視他
032 第八篇——經濟能力——女人爲什麼會越來越貶值
034 第九篇——保持本色——是什麼改變了不快樂女人的生活
036 第十篇——盲人設計師——你期望自己成爲什麼樣的人
038 第十一篇——優勢女人——女人不比男人差的若干理由

2

如何充實生活

042 第一篇—充實生活—你最浪費時間的事情
044 第二篇—活出自己—女人成爲自己需要做的事
046 第三篇—培養愛好—什麼可以使你產生愉快的心情
048 第四篇—財務獨立—女人最大的不安和挑戰是什麼
050 第五篇—購物講究—你要買的東西是你眞正需要的嗎
052 第六篇—冥想狀態—達到忘我境界的一種心靈自律行爲
054 第七篇—男人之外—如何保持婚姻的新鮮和活力
056 第八篇—愛上學習—一天中的沉思時間你應幹什麼
058 第九篇—音樂美容法—如何讓人產生滿足和愉悅感
060 第十篇—用心經營—用美女的心態去迎接幸運之神
062 第十一篇—品味生活—讓生命的清香在體內縈繞不絕

3

成熟優雅的風度

066 第一篇—氣質優雅—優雅女人要自問的幾個問題
068 第二篇—職業妝扮—適合多數女性的八個化妝步驟
071 第三篇—禮儀用餐—桌上的優雅美人是什麼樣的
073 第四篇—站姿風骨—日常生活中最基本的站姿禁忌
076 第五篇—青蔥玉手—什麼樣的手讓男人如癡如醉
078 第六篇—裝點背部—女人怎麼樣展示背後的風景
080 第七篇—對付老化肌膚—較為快速的淡化皺紋方法
082 第八篇—羞澀之美—康德關於人類文明進步的格言
084 第九篇—聲音的能量—使一個平庸女人魅力倍增的唯一方法
087 第十篇—漂亮的心—世界上最具有魅力的兩句話
089 第十一篇—溫柔的力量—英國女王伊莉莎白與老公的愛情糗事

4

最美的女人

092 第一篇—最美的姿勢——法國女人走在街上爲何如此優雅
094 第二篇—心靈的窗戶——什麼樣的眼神能擊垮天下最強悍的硬漢
097 第三篇—美在頭上——關於一流頭髮品質的三個標準
100 第四篇—頸部之美——如何知道女人的衰老程度
102 第五篇—手上的風情——女人一隻手最多戴幾枚戒指
104 第六篇—健美的胸部——女人性別的第一標識
106 第七篇—粗糙的痕跡——處理體毛的方法和工具
108 第八篇—誘人的臀——造成女人肥胖的主要原因
110 第九篇—可愛的鞋子——華爾街上流行的一句俗語

5 激情四射

114 第一篇—點燃生命——激情的能量大於欲望的能量
116 第二篇—滿懷夢想——布萊茲憑什麼被老闆稱讚爲「自信女皇」
119 第三篇—學習偶像——如何將自己變成你所希望成爲的那種人
121 第四篇—參與競爭——「與世無爭」是消極失敗的代名詞
124 第五篇—堅決笑起來——幽默只屬於樂觀的女人
127 第六篇—假想快樂——怎麼使令人厭煩的工作變得有意思
129 第七篇—刺的魅力——仙人掌和玫瑰對待生命的不同態度
131 第八篇—不要找藉口——世界著名大文豪蕭伯納的墓誌銘
134 第九篇—受歡迎的女人——不做女強人，要做強女人
136 第十篇—打敗自己——如果我們在某件事上遭遇失敗怎麼辦
138 第十一篇—破局突圍——古今中外的偉人戰勝困難的三種方法

6 活出精彩

142 第一篇—生命的關卡——影響女人一生的七個資本
144 第二篇—文化唇膏——女人爲什麼應該學習政治家
146 第三篇—進取有道——女人交朋友和發展事業的兩件法寶
148 第四篇—工作能力——美國知名企業器重女主管的原因
150 第五篇—學習化——好萊塢明星瓊・克勞馥的追夢歷程
153 第六篇—購買魅力——女性魅力的一個輔助指數
155 第七篇—女人不是弱者——一個聰明女人用雙手改變現狀的典範
158 第八篇—心態關鍵點——兩位老太太在七十大壽發表的生命誓言
160 第九篇—善待智慧——把聰明用在最需要的地方
162 第十篇—隱瞞年齡——爲什麼不少女演員顯得比實際年齡年輕
164 第十一篇—選擇的理由——總統夫人和丈夫生活在一起的理由

7

提升品位

168 第一篇 品位女人——女人永遠美麗的法寶
170 第二篇 魅力可以創造——讓女人魅力四射的七個祕訣
173 第三篇 寵愛自己——懂得消費金錢是一種自我解放的標誌
175 第四篇 內在價值——高級貨和便宜貨由什麼決定的
177 第五篇 規範工作服——如何穿出職業套裝的品位
179 第六篇 露美不露怯——怎麼露才能體現出女人的品位與修養
181 第七篇 手的魅力——女人心理變化的重要信號
183 第八篇 愛上化妝——美容專家關於選擇化妝品的兩個環節
185 第九篇 捲髮的女人——完美捲髮應該具有的幾個標準
188 第十篇 皮膚護養——生活品質和性情說明書
191 第十一篇 吃的節奏——女人怎樣才能吃出美麗

8 怎樣打扮自己

194 第一篇—梳妝打扮——美麗女人都知道的化妝三件寶
196 第二篇—服飾符號——你的衣裝透露出來的十個身分祕密
198 第三篇—服裝搭配——女人在夏天怎麼打理自己
200 第四篇—服飾整體效果——著裝的三層境界和四個原則
202 第五篇—品味聚焦點——購買高品質飾品的若干講究
205 第六篇—項鍊佩帶——視覺中可讀性最強的裝飾佩件
207 第七篇—學會化妝——一套簡便而考究的化妝工具
210 第八篇—化妝才積極——最常用的三類妝容方法
213 第九篇—體態美——優雅的女人怎麼站、怎麼走和怎麼坐臥
215 第十篇—身體柔軟度——初級而簡單的伸展運動怎麼做
218 第十一篇—控制體重——減重和控重的根本區別

Part 1

個性化的創造

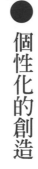

Chapter 1.

肯定你自己

——好萊塢影星奧黛麗・赫本改名記

奧黛麗・赫本是二十世紀最受世人喜愛與爭相模仿的女性之一，在她成為電影演員的時候，好萊塢中就已經有了一個名為「凱薩琳・赫本」的超級女星。當時，導演曾勸她改名字，以免別人會將她與凱薩琳・赫本進行對比。此外，一個小小的好萊塢中，有兩個赫本也並不是一件好事，而且凱薩琳・赫本當時已經是著名的演員了，這對奧黛麗・赫本很不利。

可是，奧黛麗・赫本卻充滿自信地對導演說道：

「不，我一定要用本來的名字。」

「那是為什麼？」

「因為我就是奧黛麗・赫本。」

奧黛麗・赫本是一個自信而有魅力的女人。她能夠得到眾多觀眾的歡心，主要是因為她對自己的熱愛。奧黛麗・赫本鼓勵女性發掘與強調自己的優點，不僅改變了女性的穿著方式，也改變了女性對自我的看法。她剛出道的時候正是性感女星得到熱烈追捧的時候，可是她卻以積極的姿態和絕對的勇氣，改變了世人所公認的美女定義，以特立獨行的瘦削身材和短髮，樹立自己的獨特形象。

奧黛麗・赫本的經歷告訴我們，只有懂得愛自己的人才能得到別人的愛——你越是愛自己、愛身邊的人，你的改變也就越大、越驚人，同時也會越來越得到別人的愛。

與此相反，如果連自己都不愛自己的話，又怎能得到別人的愛呢？

在眾人眼裡，米蘭達（與欲望城市中的女星同名）是一個美麗而又成功的女人。可是，她總是對自己感到不滿，不是抱怨皮膚太過白皙，就是覺得鼻梁太過挺直，還覺得自己的額頭太寬了。甚至僅僅因為身邊的朋友有著纖細的雙腿，她就覺得自己的雙腿太胖了，從而連裙子都沒有穿過。

此外，她還總抱怨現任的男友比不上前男友，經常因為不能將喜歡的名牌全部買下而怨恨目前的處境。長此以往，她總是將「世界上沒有比我更倒楣的人了」、「她真漂亮，她肯定很幸福」的話掛在嘴邊，心情也總是處於低谷。起初，她的朋友們試圖說服她，讓她改變這種認知，卻紛紛以失敗告終。最後，她的朋友們都一個個地離開了她……

其實，這種事事不如人的悲慘感覺，並不是別人強加給她的，而是她自己強加給自己的。像米蘭達這樣的女人有如此結局，就是因為不夠愛自己，沒有發現自己的閃亮點。如果連你也看不起自己，那麼，你又怎能奢望別人喜歡你呢？

Chapter 2.

品牌價值

——穿一身名牌有什麼用

世界上沒有一個女人會拒絕名牌。如果條件允許的話，那些有錢的女人，一定會忍不住將所有的名牌全都買下來。

不過，就算穿一身名牌又有什麼用呢？女性拼命地追求名牌，原因只有一個，那就是穿給別人看。有人可能會說這是為了滿足自己的需要，但這種需要肯定是為了換取別人驚歎的目光罷了。試想：如果一個人生活在孤島上，會想要拼命地得到名牌嗎？

名牌的價值在於品質優異，而不在於商標有什麼與眾不同，真正認識到這一點的女人，會因為衣領後面的商標摩擦到皮膚而將商標剪去。

與此相比，只有那些無所事事的女人們，才會拼命地想要得到名牌商品，只想著用名牌商品覆蓋自己的全身，因為她們覺得只要身上披上了名牌，自身價值就會得到提升。但是，真正優秀的女人根本不需要這些，她們總是遵循著自己的喜好，堅持著自己的步調，從來不會盲目地跟著流行走，趨之若鶩，任何衣服穿在她們身上，都會顯得格外高貴優雅，因為她們自己本身——就是最好的名牌。

約翰・瓊絲是一家百貨商店的服裝銷售員，對名牌有著異乎尋常的追求，她渾身上下沒有一件衣服不是名牌。雖然她一直享受被人羨慕的快樂，但是，當朋友們得知她那一身名牌的代價，是以卡債來負擔的之後，紛紛表示無法苟同。

珍妮絲是某公司的國際貿易部組長，長得非常漂亮，一直都是朋友們的偶像。在人們眼中，她是一個很有品位的女人，大家覺得無論她穿什麼衣服，戴什麼首飾，拿什麼手提包，都似乎比別人的漂亮。因為她的生活用品大多數都是去國外出差時購買的，所以在朋友們的眼中，她就是名牌的代名詞。

但實際上，她的所有物品都不是很貴，大部分都是她在國外購買的打折促銷商品，和免稅商品。為什麼珍妮絲不追求名牌，反而達到高於名牌的效果呢？因為她很了解自己，心裡也很清楚就算不用名牌來裝扮，只要自身價值提高了，自己本身就會成為最好的品牌。

一個人的魅力主要來源於自身價值，而不是身上的名牌商品。

因此，我們要想成為一個具有獨特魅力的女人，首先應該提高「我」這個人的品牌價值。

Chapter 3.

內心的聲音

——聰明女人最令人著迷的地方

聰明女人是獨立的，她們從來不會忽略了自己的存在，她們會靜下心來聆聽自己內心的聲音，時時刻刻保持自己的本色。

聰明女人與好女人的最大不同就是，聰明女人似乎總是充滿活力，神清氣爽地出現在你的面前；她們總會給人帶來刺激，讓你神經末梢得到最大限度的運動；她們不拘小節，灑脫隨意，與她們相處你不用隨時緊張地注意自己的言行舉止；偶爾也用東西扔你、罵兩聲，或是故意擺臉色給你看，可她們的樂觀瀟灑會讓你眼裡看見的仍然全都是可愛。

聰明女人不會屈從大眾的審美觀點，從不假裝淑女，從來不講究笑不露齒。她們會發掘自身潛在的魅力，無論是鮮明的個性，或是獨特的氣質。她們都只聽從自己內心對自己的安排，而不是別人的議論。

在二十世紀50年代的美國，有一個非常受歡迎的廣播員，她剛走上社會的時候選擇了當一個影視演員，因為她認為這樣可以讓很多人喜歡她，可她怎麼演都演不好，只能停留在一個跑龍套的角色上，後來一位導演問她：「你從小的夢想是什麼呢？」

「小時候我想當個廣播員。」

「那你為什麼選擇了來演戲？」

「我認為這樣更能受到大家的歡迎。」

「不，孩子，你錯了，當一名廣播員同樣可以受到大家的歡迎。」

她聽了導演的教誨，決定保持自己的本色，做了一名播音員。結果她成了紐約當時最受歡迎的廣播明星。

多聽聽自己內心的聲音，保持自己的本色，那麼，不管走到哪裡，你都是落落大方的，沒有一點矯情的痕跡，像雪地上的陽光清新明亮。那時，最耀眼的明星就是你。

當你準備為愛而改變的時候，當你決定聽從大多數人的意見的時候，請你聽聽自己內心的聲音吧，只有這個聲音才是最值得你傾聽的，因為這是你魅力的源泉。

聰明女人不會刻意去自我標榜高貴，她們尊重天然的、原始的獨特個人魅力。即使人人都在追逐同一種標準，聰明女人也會堅持只聽自己的話、堅持只聽來自內心的聲音，這才是聰明女人的風格、聰明女人的魅力，而且，對於很多男人來說，這也正是讓他們著迷的地方。

Chapter 4.

個性化創造

——風格到底意味著什麼

風格比美麗更重要。

外在美在很大程度上取決於你是否有光滑的肌膚。隨著歲月的消逝，外在美也會逐漸減退，而一個人的風格即使她老了也不會退色，風格是一種永不過時的美。

女時裝設計師萊・卡瓦庫博堅信：「風格永遠不會變老，因此，我認為給自己創造一種風格比外在美更重要。」

這方面有許多女人可以作證，雖然由於不可抗拒的自然規律她們已經不再特別美，但由於她們的風格使她們仍具有很強的吸引力。

米契兒是個天性活潑的女編輯，她就是這些女人中的一位傑出代表。她的一位朋友這樣說道：「說實話，她長得並不漂亮，但是沒有一個人認為她不美，因為她特別懂得設計自己。」米契兒是一位特有風度的女士。在一九三八年拍攝的一張照片上，她穿著一條緊身黑褲，手提一個豹皮提包，顯得那麼時髦，那麼出色，就像是今天才剛剛照的照片。

米契兒是一位有創造性的女士。她為風格所下的定義是——

「風格意味著為自己發明創造。」

風格體現在日常的每件事中。不僅僅是我們的軀體決定了我們的風格，我們每天用的東西，也影響著我們的風格：公事包、圓珠筆、手機、隨身聽、筆記本或鑰匙鏈、自行車、汽車，等等，所有這些用品都能表現出我們是何等人物！

你使用的幾件時髦的物品要和你的風格相配。從一開始你就應該注意使用它們的效果，並且絕不要求永遠保留它們。這些相配的物品對於建立你的風格起著現實的重要作用。比如，眼下塗漆的或透明的手提包較為流行，你就可以買一個，甭管這是什麼材料製造的，這些東西價錢不高，如果哪一天它壞了或過時了，你也用不著心疼。

除此之外，你還應該有幾件喜愛的小飾品，這些小東西可以使用很長時間，而且對你的風格可以起到獨特的作用。對這些小飾品的魅力，卡耐基夫人在她的書中是這樣寫的——「我想讓它點綴我的個性。」她認為，我們必須不斷地學習，與這些不起眼的、陪伴我們多年的小飾品建立關係。我們應該稱它們是我們最美的伴侶。

我們不僅應該有些不太值錢的小飾品，還要有些品質好的。因為，這些飾品質量越好，使用的時間越長。

Chapter 5.

擺脫時尚的迷失

——世界上最好的服飾標準

「只選最對，不選最貴」是現代人消費心理成熟的一種標誌，這裡所說的「最對」就是最適合的。什麼叫適合？一個是能夠和你衣櫃裡已有的服飾搭配的東西。另一個是發現讓你眼睛一亮，很適合你的新質料、新色彩、新款式，這也是閒逛得來的佳品。

好的服飾的標準是要能烘托出你的美和特色，而不是過於突出服飾。假如別人投來的目光，不是因為你的整體魅力，而是被搶眼的服飾所吸引，那麼這件服飾就不是屬於你的服飾。

時尚不是真理，沒有必要被我們視為生活的理想，更不必要刻意地去追求。當你冷眼看時尚的時候，你會發現時尚其實是一種很無所謂的東西，不會影響生活的品質，如過眼雲煙。

時尚不聽你的，也不聽他和我的，時尚自由自在，無拘無束。如同你黃昏散步呼吸到的襲人花香，如同你清晨登山撿拾到的縹緲雲影。時尚讓你會心，讓你會意，卻無法追逐，無法製造。但是，時尚又會告訴你，它並非遙不可及。隨心就好，隨意就好。時尚的本質，還是生活。不要刻意領先時尚，時尚為你的心情而產生。

沒有人能夠真正說清什麼是時尚，變幻莫測正是她的脾氣。

讓人眼花撩亂的時尚流行經過多年來花開花落之後，已越來越走向成熟，這種成熟的標誌，就是越來越多的女人，開始不再與時尚盲目地「同流合污」，而是對時尚進行個性化的選擇。

人的身體之外，心靈、精神等更顯得重要，它是——個人的品質，將它轉化到衣食住行方面，那必然會帶來令人耳目一新的感覺，展現個人生活最真實、最自然的一面，這就是有魅力女人的最好境界！

這個自己最認可的優美，面對的也是自己的眼光，自己穿給自己看，只為自己的快樂、喜悅和滿足，還有什麼流行比這更令人陶醉？其實，穿著打扮如同做人、如同處世，講究的正是不經意之間的流露與收穫。

時裝包裹之下的身體及心靈裡湧動的激情，這兩者之間到底有著一種怎樣的連接？肉體有胖瘦之分，心靈有俗雅之別，那麼，這千差萬別的靈肉，怎麼可以納入同一種流行的模式？

流行不一定適合你。服裝、化妝品都有流行色，想趕時髦，就必須穿跟得上潮流的流行色服裝。但是，所有鼓動你買流行服裝和化妝品的說法，都出自服裝設計部門和化妝品公司，而不一定是依據你的需要！

Chapter 6.

使自己快樂

——為什麼跟懷才不遇的人在一起很鬱悶

為什麼有時候跟那些怨天尤人、懷才不遇的人在一起，自己就感到氣氛慘兮兮、悶懨懨的，整個人的情緒都似乎被拖垮了；而跟眉飛色舞、顧盼自得的人相處，心情一般也會被感染得好了起來？

美國一位醫學博士對225名年輕女大學生，追蹤觀察三十年之後發現，壓抑感強的人，死亡比例高達15％，而性情開朗熱情的人，死亡比例僅僅是2.5％。一個樂意與人為善、幫助他人、扶危濟困的女人，總能獲得精神的快慰與心情的舒暢。

良好的情緒和心境，能提高人體自身的免疫力。

良好的情緒也形成一種感染力。

在一個快樂的家庭主婦家裡，生活總有一種溫暖、熱情、昂揚的氛圍。社會心理學愛卡羅爾・塔韋斯曾提出過一種「幽默治療法」。

她在談到她的母親是怎樣讓她心情變得愉快時，說道：「每當我心情十分糟糕時，說教只會讓我瀕臨發瘋，而母親就會帶我去看查理・卓別林的電影，我們開懷大笑，憂悶的心情就全部煙消雲散了。」

快樂就是一帖樂觀向上的靈丹妙藥。我們的生活中，快樂的女人一定是能讓丈夫和家人，以及周圍的人感到可愛的人，冷若冰霜的女人有何魅力可言，還未接觸，就有一種拒人於千里之外的感覺了。

冰美人，一向是男人敬而遠之、泛人問津的稀有動物！

女性要魅力四射，必須保持心情暢快，這是絕對的，毋庸置疑的。心事重重的女性不會神采奕奕；傷心失意的女性不會神采奕奕，不會綻放燦爛的笑容；心情不好只會顯得面無表情，神態黯然，繼而加速衰老憔悴。

怎樣讓自己快樂呢？必須清楚世界上什麼事情都會發生，別把責任白白地往自己肩上放。什麼事情都會過去，天下沒有熬不過的苦難，明天肯定會有不同的生活場景，也就會有不同的生活樂趣。

每個人走過之後，路上都有著各種各樣的快樂和失落……

Chapter 7. 女人的愛情觀

——與其被輕視，不如輕視他

女人失戀時，周圍的人會勸她：留不住愛情就留住尊嚴吧！

實際上這句話沒有多大的實用價值。在失去他時，保持自己的尊嚴，說得容易，可戀愛中的女人就是做不到！

更多的女人會說：「我寧可失去尊嚴，也不想失去他，失去他我根本活不下去。什麼尊嚴，我在他面前早就沒有尊嚴了。我都不想活了，還要什麼尊嚴？」

這是一個女人的愛情觀。但你是不是就此認為失去尊嚴、毀壞自己，就能換回他的回心轉意憐香惜玉了呢？當然不可能。

女人和男人的愛情觀是相同的：對一個完全讓自己失去了敬意的男人（女人），是毫無愛的價值的。如果選擇在這個時候死纏爛打，除了讓對方更加從心裡瞧不起和厭惡你之外，不會有任何效果。或許他還會後悔：面對這個那麼無賴的女人，為什麼我沒早點選擇分手？

愛一旦消失，你的離開對他而言只是一種解脫，你的人間蒸發是他早已求之不得的美事，你採取何種方式發洩不滿，他並不會介意，重要的是不要讓他再見到你！你的掙扎，你的眼淚，你的一切一切悲痛欲絕，是你的事，無關他的痛癢。有愛時，冷血的動物也是多情款款；無愛時，多情種子也成冷血動物！

男人女人，都是一樣，只會心甘情願為所愛的人付出愛！

女人，沒有原則，沒有自我，便沒有獨特的魅力。

戀愛中的女人一定要謹記：不要輕易對男人說出「非你不嫁」的話，因為那完全有可能成為男人輕視你的愛情證言。

敢愛敢恨的女人值得尊敬，可現實情況是——大多數女人的愛和恨是分離的，敢愛的女人不一定有敢恨的勇氣，敢恨的女人又容易喪失繼續愛下去的魄力。於是女人感歎：在愛裡，想做個勇敢的女人真是不容易！

所以，退而求其次，留不住男人，留住風度吧。留住風度，便有了重新獲得愛的資本。失戀時的崩潰，會讓女人在男人心目中的最後一點美感也蕩然無存。與其被他輕視，不如輕視他，以後的日子很長，想想看，也許這一生遇到的男人中，他是好的，但一定不是最好的！

Chapter 8.

經濟能力

——女人為什麼會越來越貶值

收入，其實是婚姻關係好壞的一個關鍵點。

女人也認同這個道理，但在認同的基礎上，加以修改了：男人的收入，是婚姻關係好壞的一個關鍵點。

女人覺得男人天生該掙錢，女人天生該花錢。於是能花不能掙的女人越來越多。但是女人，千萬不要養成這樣的壞習慣，你要知道——不會賺錢，活不出精彩。

很多女人絕對認為：結婚是兩個人的事兒，但掙錢是一個人的事兒。老公在外掙錢，老婆在家花錢，是最理想的生活模式——這是徹頭徹尾的懶人思想！

很多女人不知道，如果男女雙方收入極端懸殊，只會加大高收入的那一方的——外遇指數。

生活中莫不如此，一個家庭裡，誰是一家之主，誰說的話算數，是要靠誰掙錢多來決定的。所以很多太太發愁：「老公有外遇了，管又不敢管，離又不能離，怎麼辦？」

為什麼會有這種苦惱？十有八、九是這個女人比老公掙錢少！

男人的花心跟存款之間是有聯繫的。收入的高低不僅僅是生活品質的保證，更加說明一個人在社會中的地位高低。身在高處，難免被人惦記，時間久了，第三者才不管他已婚未婚……

鑽石王老五不光是單身女人的婚姻理想，更是已婚男人的生活理想。單身意味著自由浪漫，日久天長，當一個男人慢慢發現身邊的伴侶不再優秀，不再上進，那他情願換掉，重來一次選擇。

負心的事，人人做得出，只要是為了讓自己能過得更好。維持夫妻雙方感情平衡的是什麼？是錢！所謂的浪漫愛情，都是結婚前幹的傻事兒！

事實證明：當一個家庭中，夫妻雙方收入均衡時，他們的感情最穩定。因為這至少說明了一個問題：誰也不比誰差！千萬不要因為家庭而放棄事業，到頭來這只會讓女人越來越貶值！不會賺錢的女人活不出精彩！

Chapter 9.

保持本色

——是什麼改變了不快樂女人的生活

有一次，卡耐基收到一封伊笛絲・阿雷德太太，從北卡羅萊納那州艾爾山寄來的信。

「我從小就特別敏感而靦腆，」她在信上說：「我的身體一直太胖，而我的一張臉使我看起來比實際還胖得多。我有一個很古板的母親，她認為把衣服弄得漂亮是一件很愚蠢的事情。她總是對我說：『寬衣好穿，窄衣易破。』而她總照這句話來幫我穿衣服。所以我從來不和其他的孩子一起做室外活動，甚至不上體育課。我非常害羞，覺得我跟其他的人都『不一樣』，完全不討人喜歡。

「長大之後，我嫁給一個比我大好幾歲的男人，可是我並沒有改變。我丈夫一家人都很好，也充滿了自信。他們就是我應該學習的那種人。我盡最大的努力要像他們一樣，可是我做不到。他們為了使我開朗而做的每一件事情，都只是令我更退縮到我的殼裡去。我變得緊張不安，躲開了所有的朋友，情形壞到我甚至怕聽到門鈴響。我知道自己是一個失敗者，又怕我的丈夫發現這一點。所以每次我們出現在公共場合的時候，我都假裝很開心，結果常常做得太過。我知道我做得太過分，事後我會為這個難過好幾天。最後不開心到使我覺得再活下去也沒有什麼道理了，於是我開始想到自殺……」

是什麼改變了這個不快樂的女人的生活呢？

「有一天，婆婆隨口說出的一句話，改變了我的整個生活。那時，我的婆婆正在談她怎麼教養她的幾個孩子，她說：『不管事情怎麼樣，我總會要求他們保持本色。』……『保持本色』……就是這句話！在那一剎那，我才發現我之所以那麼苦惱，就是因為我一直在試著讓自己去適應於一個並不適合我的模式。

「在一夜之間我整個改變了。我開始保持本色。我試著研究我自己的個性，自己的優點，盡我所能去學色彩和服飾知識，儘量以適合我的方式去穿衣服。主動地去交朋友，我參加了一個社團組織——起先是一個很小的社團——他們讓我參加活動，使我嚇壞了。可是我每發言一次，就增加了一點勇氣。今天我所有的快樂，是我從來沒有想到可能得到的。在教養我自己的孩子時，我也總是把我從痛苦的經驗中所學到的結果教給他們：不管事情怎麼樣？總要保持本色。」

沒有什麼比違背本色更痛苦了。不願意保持本色，是導致很多精神和心理問題的潛在原因。

Chapter 10.

盲人設計師

——你期望自己成為什麼樣的人

如果一家世界著名的飛機製造公司，僱用一位女盲人來設計飛機發動機（引擎），你會認為這簡直是荒誕離奇，但這是真實的事情。

22歲的英籍華人謝雲霞，從兒時起眼睛就幾乎完全失明了，她竟是羅爾斯—羅伊斯公司的一位工程師。她每天坐在電腦終端機旁，手握滑鼠，注視著電腦螢幕上呈現的放大了的文字。她的臉幾乎要貼到螢幕上，因為她的視力極其微弱，而且主要集中在右眼上。她身邊放著一些必不可少的輔助設備，能把發動機在各種不同飛行條件下的溫度、濕度，和壓力等資料放大。而她能準確無誤地掌握這一切，她了解技術發展的最新情況，這就是說，幾乎沒有什麼東西能妨礙這位瘦小、靦腆而又思維敏捷、才華出眾的盲姑娘，成為工作出色、一絲不苟的優秀工程師。她因其卓越的成績而榮獲威爾斯親王查理斯頒發的特別獎。

人人都有巨大的潛能，人人都能走向成功。只要你抬起頭來，全新的生活就在前頭！

一個女人一旦認識到自己的潛能和優勢，那就不會只是羨慕別人，總是感到自己不如別人了。因而我們可以把不再盲目羨慕別人，當做是重新認識自我、和依靠自己奮鬥的一個標誌。

一個女人在自己的生活經歷中，在自己所處的社會境遇中，如何認識自我，如何描繪自我形象，也就是你認為自己是個什麼樣的人，你期望自己成為什麼樣的人。這是一個至關重要的人生課題，將在很大程度上決定自己的命運。成功心理學的核心觀點，就是人人都有巨大的潛能，人人都可以取得成功！

女人可能藐小，也可能偉大，這就取決於你對自己的認識和評價，取決於你的心理態度如何，取決於你能否靠自己去奮鬥了。說到底，還是取決於你對自己究竟是怎麼看的，是自信呢？還是自卑？

Chapter 11.

優勢女人

──女人不比男人差的若干理由

許多女人都不相信自己跟男人一樣擁有巨大潛能，這是眾多女人思維上固有的最大誤區。而事業有成的女人，她們顯著的一個共同點，就是不斷積極地挖掘自己的潛能。

反之，任何普普通通的女人，倘若不相信自己有潛能，經受一兩次挫折，就總是懷疑自己不夠聰明，反覆強化──「自己是女人，沒有男人聰明」的意念。時間久了，認為自己不如男人的想法越來越固化，形成思維慣性──因為認為自己做不好，潛能當然就可能會被埋沒了。

不少女人自認為天生能力比男人弱，其實根本不是這樣。

在過去的幾十年時間裡，科學研究已涉足探討女人優勢的領域。所有女人都能夠證明自己，在某些事情或領域裡都比男人強。

女人在語言應用的各方面都比男人強。女孩會說話比男孩早，使用詞彙量比男孩更多，而且會組成更為複雜和靈巧多變的語句。女人在閱讀和寫作詞彙上的優勢，可持續到成年。女人在學習外語方面比男人接受速度更快，也更為靈巧和熟練。

女人在從事精細手工工作方面，遠遠勝過男人。

女人的嗅覺和味覺均明顯地比男人更為靈敏。女人可以發現並辨別更淡弱的氣味。女人的聽覺靈敏度也超過男人。女人的聽覺隨年齡增加而減退的速度大大慢於男人。

女人比男人更善於微笑、直視對方，或與別人更近地坐在一塊或站在一起。女醫生絕大多數都比男醫生更擅長微笑應診。女人通常較少打斷別人的談話，且更易於對別人的笑話和幽默，表現出讚許或愉悅。

女人在交往中就算與對方持有不同看法也會委婉、恰當地表達出自己的異議。女人的面部表情變化也比男人更生動豐富，更具有表現力。

女人原本就不比男人差，只是由於過去固有的陳腐觀念，使太多的女人傾向於認為自己的能力不如男人。

女人特有的細膩讓她在解決問題時更具有針對性，更容易快速準確地解決難題。這是女人天生具有的強項。這種細膩還能夠幫助她時常發現一些男同事容易忽略的問題。女人倘若具有了一定的能力，同時又善於運用自己細膩的特性，則通常都會比男人更容易把工作完成好。

在如今以能力論成敗的大環境中，女人千萬不該自認為女人就比男人差，你完全有能力比男人做得更精彩。

Part 2

如何充實生活

Chapter 1.

充實生活

——你最浪費時間的事情

保羅・柏派諾博士，在他寫的《如何創造婚姻生活》一書裡說道：「家庭主婦大都覺得家事占去太多時間。這種看法值得詳細地檢討一下。如果任何一位女人願意把她一星期內的時間詳記下來，結果可能會使她自己大吃一驚。」

你也應該自己試試，看結果如何？把一星期內你清醒的時間所做的事情，都記錄下來。如果你誠實，也許你會很驚訝地發現，像這樣的項目太多了，「十點到十點四十五分：和馬貝兒在電話裡聊天。」——「一點到兩點：和隔壁太太聊天。」——「三點到四點半：和哈麗葉逛街。」

這一星期的紀錄，將會明白地指出，你在日常生活裡如何浪費了時間。然後你可以用補足遺漏的方式，設計好你的時間計畫。

世界上的許多重要事情，都是一刻鐘時間就可以完成的，但這段時間通常都被別人浪費掉了——有些人卻懂得利用這些寶貴的時間。比如被公司很多同事稱為「萬事通」的愛麗絲，她每天都乘坐漫長的地鐵上下班。她的背包裡，不是裝著活頁的《大百科全書》，就是裝著文章篇幅較短的《科學新發現》雜誌。

老羅斯福當總統的時候，他的桌上一定攤著一本書，所以他能夠在兩次約見客人之間的2～3分鐘的空檔裡看書。他的兒子小羅斯福曾經說過，他父親的臥室裡有一本詩集，所以他能夠在更衣時背下一首詩。

可是，我們之中的許多人，他們當然不能說自己和美國總統一樣忙碌，但是他們卻都哭訴著說——「我沒有時間看書！」

你可以很容易地計算出你自己所「浪費」的時間是什麼。好好利用這些時間吧！你是不是一直想要學習一種外文？念一些好書？聽聽音樂？寫作、唱歌、畫畫、遊玩？不要說你沒有時間。學學那些有作為的人的做法，使用那些在繁忙的預定計畫表裡，出現的空檔。

你也許已經注意到，你所認識最忙碌的人、做最多事情的人，看起來總是比懶人要有更多的時間。

這些女人能夠做完較多的事情，因為她們學會了安排自己的時間和家務，重視我們大家都擁有的寶貴金礦——時間。

是的，浪費時間比浪費金錢還要悲慘。金錢失去了還可以再賺回來，但時間是永遠回不來的。

Chapter 2. 活出自己

——女人成為自己需要做的事

生活為每個女人提供了一個舞臺，每個女人都在其間扮演著屬於自己的角色。而能否成功地勝任角色，或有出色的表演，並不取決於個人的特點。在事業面前，人與人都是平等的，最終的裁判是走向成功的經歷與意志。走上人生的領獎臺，對每個人來說都是件難事，這其中最關鍵的因素是自我認識，並由此產生的自信心。

在心靈之中，自信的力量猶如深水下的潛流，其勢猛，其勁強，一旦得到合適的條件，便大顯威風。

自我認識是個艱難的過程。我們必須認識我們自己，洞察自己心靈的祕密，這樣才能拋棄一切恐懼和不安。我們從物質的人中找到自信，我們從血與肉的具體存在中，找到抽象的實質，這就是生命賦予我們的至高無上的神聖使命。

完成這一神聖使命，其意義是非凡的，從自身的角度來說，認識自己，才能揚長避短。從他人、從社會角度來說，了解自己要以別人為標準。反過來，認識別人也常常要以自我為參照。如果不認識自我，缺乏「將心比心」的能力，便很難理解他人和被他人理解。

因此，作為女人的你，應首先認識自我，從而避免缺點外露，並找到屬於自己的那種信心。

女人要成為自己，要有自信心，應該與怯懦作戰，克服自身的弱點，完善自己的心靈結構。女人自有女人的力量，在頭腦，不在四肢，自信能為你撐起一片天。本質上你是個溫柔的女孩，就做個溫柔的妻子；本質上是個獨立的女孩，就做個獨立的妻子；本質上是個聰明的女孩，就做聰明的妻子……而最關鍵的是——你就是你。

夢想是進取精神的催化劑，人們因為有了夢想，進取才找到了支點，而後站在槓桿的另一端，將生活撬起來。

在人的心靈中，進取精神是不可缺少的，離開了進取，自信就會變成輕狂，失去現實的根基，就變得虛無縹緲。

夢想實際上是一種人的目標意識，它與人的進取精神緊密相連。人們可從中受到的啟發是，夢想是對自己現實生活的指導師，進取是對實際工作的牽引力。

人生沒有公式，卻有答案。設計人生之路的起點不同，形成的人生結局也千差萬別。是女人就應努力成為你自己，給世人一種強者的姿態。

Chapter 3.

培養愛好

——什麼可以使你產生愉快的心情

每當你去做你喜歡的事時，你就會由衷地感到振奮。

瓊絲有一艘大帆船，每到週末她帶著日常用品去海邊練習駕船技術。為了購買新船或者測量用的儀器，她省吃儉用。為了取得駕照，她練習時很刻苦。她的女友們為了祝賀她的生日，預訂了一年的帆船雜誌。她的男朋友開玩笑地稱她為「倔強小姐」。她的熱情感染了她的男友。在帆船比賽中，他們兩人終於取得了第四名的好成績。

55歲的貝芙麗在業餘大學上花邊編織技術課，她發現，每當她用彩色毛線編織出各種圖案時，就感到特別愉快。不久她又學會了凸紋編織手藝。現在，她能編織壁毯和類似的各種編織物。她對自己能以此技術來表現自己的創造力感到非常的自豪，一編織起東西來就廢寢忘食，為此，她的丈夫經常提醒她要注意休息。

你肯定已經發現——真正能使我們著迷的，是我們發自內心深處的一種愛好。我們應該發展那種發自內心深處的，並能激發我們熱情的愛好。

這種完全屬於個人的愛好往往被埋沒了。如果你不知道你的愛好是什麼，你就回憶一下大約9歲時你喜歡做的事情。它會提醒你，什麼可以使你產生愉快的心情。當時，直到深夜你可能還在貪婪地讀驚險小說，為你的玩具娃娃縫製幻想的服裝，或者自己化妝上演一齣戲？當然，你今天不必再讀卡爾・梅（編按・女吸血鬼的名字）的小說，但是，如果不讀驚險小說，離開旅遊路線去休假會怎樣呢？過去你觀看木偶戲時很開心，今天用針線縫製布娃娃也許能使你得到新的樂趣。你在孩童時代自演的戲劇，也可能在今天的劇場裡叫好又叫座。

如果你又找到了新的愛好，不管是什麼原因，諸如缺少時間，因夥伴、家庭或者周圍人的看法，等等，無論如何你都不要放棄。可能有上千個理由影響我們煥發激情。像放風箏有危險、趕時髦是草率、讀愛情小說是逃避現實、如果有畢卡索的才能應該去繪畫，等等。不要去聽這些議論。重要的是在你自己的生活裡，要有真正能激發你熱情的事，它是你快樂的源泉，也是你魅力的源泉。

Chapter 4. 財務獨立

——女人最大的不安和挑戰是什麼

美國最近針對五千名就業女上班族的調查研究顯示，各年齡層的女士認為人生中最大的挑戰就是多賺錢。目前，社會的不平等仍然存在，女性仍然遭受同工不同酬的待遇，被提拔至管理階層的機會依然較少。大多數女性以擁有好婚姻或好關係為人生最重要的目標，但財務上的考慮也越來越重要了。

大多數婚姻爭吵都與金錢有關。

女性最大的不安是無法養活自己。如果你剛離婚，也許是你初次面對財務問題。

邁向財務獨立的第一步是化被動為主動。有許多人會說：「我的財務不夠好，我也沒有錢投資。」她們消極地等待求援而不願控制全局。你不需要以一大筆錢開始，你必須要有計畫、有規律地學習逐漸致富。

建立事業與財務獨立並不相同。有很多成功的女事業家也許擁有崇高的地位，但她們可能中看不中用，女性必須熟知各種財務技巧，對儲蓄、退休金、投資、保險與其他的財務世界均須投入相當的努力。其實，它並不難，也不神祕。男人在計算利潤與財務規劃上也沒有什麼超級的能力。財務規劃其實與安排晚宴或家庭的支出預算並沒兩樣。

無論如何，金錢是社會衡量成功與否的工具。無論一家公司的服務有多好，或產品有多棒，它的利潤才是評估的重點。過去認為金錢上的管理是非女性化的行為，而現代人如果還不知道金錢管理的重要性，那可就是一場災難了。現代人必須有技巧，去學習創造財富，我們必須節流，必須謹慎地投資。

金錢對男人或女人而言都是同等重要的。沒有金錢就無法創造自己的生活品位，也無法控制自己的人生。

如果你在一個無法討論金錢的環境裡，你就必須改變自己對金錢的態度。有時候女性是經歷不幸之後才能面對財務問題。因此，最好是先有一點理財常識，投注一些精力學習。畢竟學無止境，只要從現在開始，永遠不嫌遲。

為家庭賺取收入與單身女性管理自己的財務有很大的不同。如果你有自己的事業或公司，那麼你對金錢、帳單和財務都不陌生。如果你長年在家毫無收入，萬一要獨自面對財務，可能就不太容易了。

女性必須要掌握賺錢的技能、儲蓄的技巧，和花錢的技術。

Chapter 5. 購物講究

——你要買的東西是你真正需要的嗎

有時，我們逛商店並不想買東西，但是當我們走出商店時，往往又買了不少並不是很需要的東西。有研究表明，半數的購買行為來自一時的購買衝動，而不是對所購之物品的真正需要。更糟的是，這些因一時衝動買回家的東西，往往又一時用不上，反而成了儲藏室的新罪魁禍首。

所以，在購物之前，你應該仔細考慮一下要買的東西，是不是你真正需要的？想想自己是不是有這一類的東西？買了它之後會對你的生活有好處嗎？你是真正想要這樣的東西，還是只想花錢而已？

在去商店買東西之前，應該先列出需要購買物品的清單。對於清單上沒列出的東西，不要因為一時的衝動而購買。不要帶信用卡去購物，只帶上足夠採購清單上列出的物品的現金，這樣，你就沒辦法多花錢了。

另外，買東西也需要三思而行，特別是對那些不屬於生活的必需品，一旦你想買，一定要多考慮考慮。你可以先去逛逛別的商店，或者去喝點東西休息一下，給自己一段考慮的時間；或者乾脆回家去多想幾天，等到你確定了自己的決定沒錯之後再去買也不遲。而且，經過這樣深思熟慮之後才買的東西，一般都不會讓你日後感到後悔。

如果你正處於減少開支、存錢還貸款的階段，那麼，就更要了解盲目購物的壞處。等待是有價值的，想要成為一個可以用理智克服衝動的人，就要學會等待，也就是等到你無債一身輕的時候，你才夠資格去為你想得到的東西花錢。

你所掙的每一塊錢都凝聚了你的時間和精力，所以要用自己辛苦掙來的錢，來買對你來說真正有價值的東西。在購物時，你可以比較一下物品的價錢與你的收入。比如，你每工作一小時可以得到15美元，你想要的物品價格為120美元，所以你得用八小時的工作所得來換取這樣物品，如果你認為值得，就買下來，因為這確實是你需要的東西；如果你認為不值得或拿不定主意，那選擇放棄就對了。

在買衣服和配飾時，應該儘量買些可以相互搭配的，這也是一種省錢的辦法。經常穿的衣服應該選那些式樣簡單大方的，因為簡單大方的款式雖然不時髦，但也不易過時。當然，在手頭寬裕時，可以適當給自己買幾件時髦的小配飾，但也要遵循寧缺毋濫的原則。

Chapter 6.

冥想狀態

——達到忘我境界的一種心靈自律行為

有一種說法，現代女人每天累到心力交瘁，身心像裝滿水的杯子，一點刺激都會溢出，讓人崩潰。現在的女人的確變得越來越容易煩惱、沮喪、厭倦、自卑了。

女人這輩子，不能只是長好身體，還要長好心，長不好心的女人，也如同沒長好身體，是個有缺陷甚至殘缺的女人。

冥想是一種有益長心不錯的方法。冥想可以讓女人的心變得成熟和健康起來，只有心長成了，女人才會平和、積極、淡定，才會有心靈上的力量和承受力，正如長成的身體有肉體的力量和承受力一樣。

冥想是停止大腦皮質作用，使自律神經呈現活絡狀態的一種方式。

簡單地說，冥想是意識上停止一切對外活動，達到忘我境界的一種心靈自律行為。

這不是一種消失意識，而是在意識十分清醒的狀態下，讓潛在的意識活動更加敏銳和活躍，是調整與自然界感應的一種方式。

冥想原本是宗教中一種修身養性的行為，現在已經廣泛運用在許多心靈修煉方式中。如果每天堅持做10～30分鐘冥想，能讓身心歸零，心會得到充分的成長和調整。心的力量增強了，煩惱、消極、壓力會隨之化解，人能體驗到更多喜悅、快樂和從容。這時你會感受到，每天身邊的陽光是那樣溫暖燦爛，眼前的花草是那樣美麗動人。

冥想的方法有很多種，瑜伽冥想、坐禪冥想、芳香姿勢冥想、祈禱冥想，等等。找到適合自己的冥想方式是最重要的，能讓身心感覺舒適的方式是適合自己的。如果冥想的方式不適合，反而對身心成長無益，甚至帶來壓力和痛苦感，以及更多的負面作用。

要進入冥想狀態，必須使全身肌肉、細胞和血液循環等都緩慢下來。當進入時，不僅會體驗到寧靜和放鬆，一段時間後還會源源不斷地湧出想像力、創造力與靈感，使人的判斷力、理解力都得到提升。這個過程有些類似人在身體成長的期間，不斷地體驗到身體獲得力量和變化的驚奇。

比較常見的冥想方式為：清早（上班族可提早半小時起床），找一個安靜的地方，舒服而放鬆地坐著，閉上眼睛或無目的地凝視外界物體，有意識地放鬆面部、身體和呼吸，直到心靈完全平靜。冥想看似簡單，但要真正達到境界卻不容易，所以你要學會觀察你的想法，不僅要進得去，還要能出得來，要像看一部電影一般，而不是深陷其中，不能自拔。

Chapter 7.

男人之外

——如何保持婚姻的新鮮和活力

想成為一個好伴侶的重要方法是，妻子要有一些不同的、家庭以外的自己的嗜好。

如同一個男人花費幾小時在他的興趣嗜好以後，就能夠加強和恢復精神，再回到自己的工作上。妻子如果能夠參加一些家庭以外的活動，她就可以用更好的心情來做完她的家務。

使我們感到疲倦的，並不是繁重的工作，而是厭煩和單調。許多人在遊玩的時候，可以和賺錢同樣賣力。這是因為活動內容的改變，可以消除疲倦的心情。

家庭主婦有許多獨處的時間，如果能夠利用閒置時間和別人聯繫交往，那是非常有益的。參加各種研習會或是社區活動、音樂、美術欣賞會，每個星期到某些慈善機構工作幾個小時。像這樣安排的計畫，可以給女士們一些新觀念，而且使她們增廣見聞。

至於哪一種興趣或嗜好可以帶給你好處，這就要看你有什麼特殊的天分或愛好了。想想你自己，看看有什麼東西是你一直想要做的。這不需要花你的錢，看看你周圍的社會，你將會很驚訝地發現許多很有價值的活動，即使是最小的鄉鎮也都會有。如果你找不到你所想要的東西，不妨辛苦一些，把與你有相同願望的人組織起來。

卡耐基夫人曾經說過一段話——

「以我個人來說，我從固定參加的紐約城莎士比亞俱樂部的活動中得到了許多樂趣。這個研究性的團體，總是討論一些我很喜愛的題目。在四百年前的世界裡探索，使我在思考二十世紀的問題時，有了一種新鮮的觀感，而且使我除了與丈夫談談牛排的價格以外，也有了一些新的話題。

「我的丈夫對於亞伯拉罕．林肯的人生有特殊的興趣，我則對莎士比亞比較有興趣。我們相互學習，對於對方心目中的英雄人物就有了許多的了解。我們有許多討論的機會，有時候會引起爭執，但也同時得到許多樂趣。如果我們都只是喜愛相同的東西，就得不到這麼多東西了。由於各有不同的愛好，我們更互相拓寬了對方的眼界，帶給雙方更多的東西。」

婚後的夫婦過著非常親近的生活，他們在一起做每一件事情，結果彼此的關係常常造成了窒悶的氣氛。培養不同的興趣和嗜好，可以造成經常的變化，幫助他們保持婚姻的新鮮和活力。

如果你覺得自己的婚姻已經單調得需要加點調味品了，你就得好好想想看自己到底有什麼嗜好？沒有的話，就開始培養吧！

Chapter 8.

愛上學習

——一天中的沉思時間你應幹什麼

學習如同呼吸一樣，是一種終身的活動，它意味著生命的存在。

在不斷學習中，你會發現學習的樂趣。一本好書就如同與生俱來的一道靈光，照亮你的天空；像一把開啟心扉的鑰匙，牽引你走進感知和靈魂的最深處；它使你的身上澎湃著智慧的波濤，讓睿智的目光中總有一種攝人心魄的力量。

讀書如流水，川流不息，潛移默化，潤心於無聲之間。水能載舟，亦能覆舟。開卷有益，擇善而讀。

讀一本好書，就是一次心靈的遠行，到那有著瑰麗風景的思想的遠方，去共進一場精神的盛宴；讀一本好書，如醍醐灌頂，心靈相互感應，漸漸不再浮躁和慌亂。

忙碌了一天的女性朋友，睡前的閱讀應該是最佳的「沉思時間」。

知識，對於我們來說，是一種糧食。這種糧食一旦枯竭，將全盤皆輸。我們沒有必備的知識，只會被從一條歧途帶到另一條歧途。

知識，是人開展工作和安排生活的基本條件。沒有相應的知識，工作不會成功，生活不會美滿。知識就是力量，知識就是生產力。

人在世上謀生需要知識，發展自己的事業需要知識。

由此可見，愛上學習，終身受益。同樣，愛上學習，才能終身學習。每個人的一生都是一個持續發展的過程。人的生存是一個無止境的完善過程和學習過程。

毫無疑問的，一個女人也必須從環境中不斷地學習那些自然和本能沒有賦予她的生存技術。無論是求生存還是求發展，她都必須終身學習。正是從這個意義上講，終身學習的過程，實際上也是女人不斷發展、不斷完善的自我實現的過程。

女人通過終身學習可以發現自己人生的意義。在不斷學習的歷練過程中，她們可以知道自己的長處和短處，並且善用自己的長處，解讀自己的人生密碼，規劃自己人生發展的藍圖。

另外，終身學習可積累屬於自己的智慧資本，也就是女人一生生存和發展的資本。

每個人都具有不可限量的潛力，學習可以把這些潛力轉換為能力，把理念轉化為各種能量。

Chapter 9.

音樂美容法

——如何讓人產生滿足和愉悅感

音樂能讓女人產生想像力，消除日常生活中的精神阻力，並使女人覺得身心舒暢。每種音樂有著不同的功效：使人放鬆、激動或緊張。在醫療行業中，目前通行的音樂治療法，就是使人產生色彩聯想以達到心靈的平和狀態，使人有種舒適的感覺，身心達到完全的放鬆。

對美容界來說，此種音樂療法還可有效地降低膚質異常的狀況。如此，保養品、按摩的功效也能更充分發揮。音調的起伏經由耳朵吸收，然後慢慢地影響人體的動脈，如同投石入水所產生的漣漪效應一樣，其對人體細胞及新陳代謝的影響，已被一些學術專家證實了。

這些經證實的放鬆狀態和腦部的平衡狀態也有關。在重視直覺及理性的西方世界，左腦的功能是常常被強調的，音樂則可以加強右腦的情緒功能，使腦部達成平衡狀態。

在人的健康和美容方面，我們特別不應忽略放鬆情緒的重要性，音樂與其他治療保健方式不同之處在於：它就好像是現代的「心靈儀器」深入人體和心靈，對人的情緒放鬆有非常重要的幫助。音樂等於是替您的感情、能量，找到了出口。

與人放鬆最有益的音樂是純音樂（部分為古典音樂）。這是由悅耳的曲調（大約一分鐘60拍）組成的樂曲。學術研究證明，若音樂的速度低於人每分鐘脈搏跳動次數及呼吸次數，則較易達到全身放鬆及內在寧靜的狀態。可以說，有藝術價值、讓人心靈寧靜的作品，都會使人覺得輕鬆愉快、悠然自得，也提供了正面、開朗的情緒。

有許多事情都會從「放鬆音樂」中受益，比如：提高美容保養的效果，達到理想的體重，減少過敏、戒菸、克服恐懼，或消除失眠，都可經由「吸收音樂」而受到正面影響。這些充滿藝術氣息的音樂，就如同悄悄的耳語，聽起來有三度空間的感覺，而且能讓聽者完全吸收。

此外，選擇吸收數種不同的音樂，可以達到很高的密集資訊效果，並一點一點地增強此音樂的正面作用及其影響力。

當然，這些「悄悄的耳語」或是「神奇字眼」，這並非是強迫或獨裁地逼人非接受不可，而是悄悄地期待你的了解，讓人產生一種滿足和愉悅感——女人，要有更多的滿足和愉悅才好！

Chapter 10.

用心經營

——用美女的心態去迎接幸運之神

把自己當成美女，用心經營美女的一生，既要享受每一天，又不能因為一時一刻的快樂而忘乎所以。所謂經營，就是有目的地結交朋友，結交知心密友，既要耐心等待，又要有意識地走出自己生活、工作的小圈子。

多一個朋友，你的社交圈就會擴大一倍，多一個知心密友，你的能力就會增加很多。每一個新朋友都可能給你帶來一個新世界、一個新天地。所以，你要用美女的形象、美女的心態，經營出豐富的人脈關係。

人是社會動物，要熱心與人交往，善於與人交往，用心與人交往。豐富的人際網路會給你帶來無窮的快樂。它不僅讓你長見識、增才幹，還會讓你的生活更充實，更有意義。同樣，也會讓你的舉止更得體、談吐更具親和力，把你錘鍊成一位成熟的美女，眼界開闊的美女。

與同性朋友交往，可以不計較才能、家庭環境。與異性朋友交往，樣樣都得有講究。不要將時光浪費在沒有意義的社交中，要堅決杜絕與自己不願結交的人來往，絕不做自己不願做的事。健康的社交活動中不應存在任何責任和義務。

在這個問題上，不與任何人妥協。給好朋友做陪襯人也應遵守這些原則，可以有一次兩次的例外，但絕不可以有第三次。並且要讓別人知道，你是一個有「原則」的人。這樣可以免去你很多麻煩，避免很多登徒子的騷擾。閱人無數也是一筆財富，它可以使你反應更快，看人更準。

有時，耐心地等待也是女人的一種優點。要相信，每一個女人都可以夢想成真，但是要有足夠多的時間，足夠寬的生活面和足夠的耐心。在你還沒有找到自己的理想生活時，你可以邊走邊欣賞人生的美麗風光，但不要停下腳步，不可怠倦，要繼續前行。前方的風景會更美。

此時，你要留意的是，別走錯路，別心急，屬於你的東西，永遠是屬於你的；不屬於你的東西，永遠不屬於你。即使你忍不住伸手拿來了，最終還是要還給別人。你只能靜靜地等候，保持那種可以省視的美的心態，直到天時、地利、人和，挾持著屬於你的幸運之神在你面前降臨，你會感歎，多麼詭祕的人生，多麼美好的人生！

錯一步，就有可能與幸運之神擦肩而過。只有保持那種虔誠的、美的心態，才會與他不期而遇。上蒼有眼，老天是公平的，每個人的一生都有一個謎底，或遲或早要被揭開。所以，要有一顆等待的心，靜候的心。擁有一種美的心態，讓美女在人們的品味中，更有味道。是美女，終歸要翻身，翻身的美女更美。

Chapter 11.

品味生活

——讓生命的清香在體內縈繞不絕

懂得品味生活的女人是生活的藝術家，她們對生活不苛求，但她們更懂得如何調色生活，品味出平凡中的甘甜。生活在女人手中是一杯茶，懂得品味的女人，才能得其精華，讓生命的清香在身上縈繞不絕。

生活中，什麼樣的女人身上散發著誘人的女人香，是那些懂得品味生活的人，她們有一雙善於發現的眼睛，和一顆感恩的心。即便在忙碌乏味的日子裡，她們仍然能夠發現定格在生活空間裡的瞬間美好。

比如，公車上親密的情侶臉上洋溢出來的醉人的笑，道路旁年輕的母親牽著咿呀學語的孩子在蹒跚學步，夕陽裡年老的伴侶牽著手在散步。

再比如，公司裡那個和自己有點小過節的同事，今天竟主動不計前嫌地幫助了你……

另外，你老公有一天忽然提早下班回來，送你一束玫瑰花，對你說：親愛的，今天是我們認識第十週年紀念日……

工作了一天，累得腰酸背疼的你倒在沙發上，你那剛上小學的兒子懂事地跑過來說：媽媽，我給你捶捶背吧……

平常日子裡，手機裡偶爾收到好友一聲輕輕的問候……

這都是生活中的真實片段，很平淡，卻很美好，美好得讓人感動。

生活是要用心品的，就像有人喜歡品茶、品酒、品咖啡，當你細細品味的時候，你會發現生活中除了平淡和瑣碎，其實還存在著那麼多的美麗片段。只有懂得品味生活的女人才能在生活中保持獨有的魅力。

生活就是一個百味瓶，甜酸苦辣樣樣有，同樣的事，不同的人會品出不同的味兒，就看我們用什麼樣的心態去承受，用什麼樣的心境去感受和體味，以及用什麼樣的角度去看待（思考）。

以一個樂觀優美的姿態去對待生活，回報給你的必定也是美好的。

懂得品味生活的女人是善解人意的，她懂得老公在外面為了生活而奔波忙碌，要忍辱負重，要堅強執著，身上背負著太多的責任。所以，她從來不抱怨他沒有太多的時間陪自己，也從來不向他提一些無禮不切實際的要求。當他感覺疲累的時候，她會端上一杯茶，和他談談工作以外的趣事，同時計劃一下未來的生活。

這樣的女人是可愛的，她讓一切都回歸到了簡單純樸中去。

懂得品味生活的女人是獨立的，她有自己獨立的生活空間，有自己一幫朋友。但她會在週末約上一兩個知心好友去逛街，會在閒暇的時候去健身，也不忘及時去充充電。這樣的女人身上有一種淡定和從容，她們的生活也許波瀾不驚，但她們是美麗的，她們身上散發著一種迷人的氣息，這就是女人味。

懂得品味生活的女人是自信的，自信是女人一面最美麗的鏡子，它能夠永恆地照出女人身上的光彩。

懂得品味生活的女人是坦然的，以平常心對待得失和成敗，她們不會欺騙自己，只會讓生活更加真實和自然。

懂得品味生活的女人是智慧的，她們懂得善待自己，想方設法讓自己保持在最佳狀態，享受生命的美好……

Part 3

成熟優雅的風度

Chapter 1.

氣質優雅

——優雅女人要自問的幾個問題

在一次世界文學論壇會上，有一位相貌平平的小姐端正地坐著。她並沒有因為被邀請到這樣一個高級的場合，而激動不已，也不因自己的成功而到處招搖。她只是偶爾和人們交流一下寫作的經驗。更多的時候，她都在仔細觀察著身邊的每一個人，不久，有一個匈牙利的作家走了過來。他問她：「請問你也是作家嗎？」

小姐隨和地回答：「應該算是吧。」

匈牙利作家繼續問：「哦，那你都寫過什麼作品？」

小姐謙虛地回答：「我只寫過小說而已，並沒有寫過其他的東西。」

匈牙利作家聽後，頓有驕傲的神色，更加掩飾不住自己內心的優越感：「我也是寫小說的，目前已經寫了三、四十部，很多人覺得我寫得很好，也很受讀者的好評。」說完，他又疑惑地問道：「你也是寫小說的，那麼，你寫了多少部了？」

小姐簡短地答道：「比起你來，我可差得遠了，我只寫過一部！」

匈牙利作家更加得意了，說：「你才寫一本啊，我們交流一下經驗吧。對了，你寫的小說叫什麼名字？看我能不能給你提點建議。」

小姐客氣地說：「我的小說名叫《飄》，拍成電影時改名為《亂世佳人》，不知道這部小說你聽說過沒有？」

聽了這段話，匈牙利作家羞愧不已，原來她是鼎鼎大名的瑪格麗特•蜜雪兒。

這就是氣質優雅的女人，她不經意間所流露出來的優雅，讓人佩服得五體投地。可見，優雅不是天生的，也不是夸夸其談地知道幾個所謂的「時尚」代名詞就優雅了。

優雅是一種氣韻，一種堅持，一種時間的考驗。

從一個女人優雅的舉止裡可以看到一種文化教養，讓人賞心悅目，當優雅成為一種自然的氣質時，這位女性一定顯得成熟而溫柔。

一個女人是否過著優雅的生活，只要自己問自己幾個問題：

你是否有能力創造幸福？

你的生活內容是否真實？

你的感受是否是自然流露出來的？

如果你無法確定，那麼，你必然是生活在別人設計的圖紙上，如此的話，優雅的生活就無從談起了。

Chapter 2. 職業妝扮

——適合多數女性的八個化妝步驟

日常生活中的化妝講究柔和，追求自然的美。而職業女性的辦公化妝則不同，即在容貌的基礎上，要著意從形和色上給予臉部適度的藝術誇張，以表現秀麗、典雅、幹練、穩重的辦公室形象。這是因為上班化妝受到辦公室環境的制約，它必須給人一種有責任性、知識性的感覺。

選用合適的底色，這是化妝的基礎步驟。底色選擇的目的是將膚色的自然美感充分表現出來，因此粉底的選擇要以自己的膚色為基礎，底色稍明亮的顏色，在自然光的照射下，會顯現得較為漂亮，但在辦公室的螢光燈下會顯得蒼白而不健康。特別是底色塗抹過厚，會讓你的上司感到你整日藏在一副面具後面，缺乏真實感。總之，辦公妝要在均勻地塗抹定妝粉後，保證面部無油膩感且不失透明度，潔淨、清爽，富有生氣和活力。

在色彩組合上，辦公妝既不要過分耀眼刺激，也不要過分含混模糊，應在視覺和心理上給人一種舒適和諧、賞心悅目的美感。

生活妝通常為淡妝，用色就要單純、自然一些，應選用同類色（原色）相調和，類似色相調和。上班妝的顏色則應以暖色調為主，為使膚色更加明快，應選擇粉紅或橙紅，而如玫瑰色等冷色調會帶給人夜生活感，在辦公室場合並不適宜。

較濃的眼影在辦公室也是不適宜的，使用紅茶色作眼線會使人感到親切，尤其是下眼線，切忌用純黑色。

眉毛的形態也是左右上班妝印象的關鍵，因為眉毛可以使人的面部表情發生變化。眉過細，眉向下，都給人不可信賴的感覺。在描眉時，儘量避免過於女人味，稍粗重些的眉毛，會使你看上去很能幹，眉峰尖銳顯得精明、果斷。

唇形小巧，唇角圓潤，是精美的唇妝。關鍵在於色彩的選擇。顏色過暗過豔，唇形太誇張都不適合辦公室環境。粉色系、橙色系，無論哪一個辦公室都是會喜歡的。唇妝像眼線一樣可以體現立體感，上下唇角要用唇筆勾畫，中間塗上口紅，千萬不要滿唇塗上亮光口紅，那樣會使人感到你缺乏常識，工作能力將會受到懷疑。

職業妝因人而異，女性的健康、自信是其共性。下面介紹卡耐基夫人提出的適合多數女性的化妝方法。

首先清潔面部，用滋潤霜按摩面部，使之完全吸收，然後進行面部的化妝步驟——

1．打底　打底時最好把海綿撲浸濕，然後用與膚色接近的底霜，輕輕點拍。

2．定妝　用粉撲蘸上乾粉，輕輕揉開，主要在面部的T字區定妝，餘粉要定在外輪廓。

3．畫眼影　職業女性的眼部化妝應乾淨、自然、柔和，重點放在外眼角的睫毛根部，然後向上向外逐漸暈染。

4．畫眼線　眼線的畫法應緊貼睫毛根，細細地勾畫，上眼線外眼角應輕輕上翹，這種眼形非常具有魅力。

5．描眉毛　首先整理好眉形，然後用眉形刷輕輕描畫。

6．捲睫毛　用睫毛夾緊貼睫毛根部，使之捲曲上翹，然後順睫毛生長的方向刷上睫毛液。

7．腮紅　職業妝的腮紅主要表現自然健康的容顏，時尚暈染的方法一般在顴骨的下方，外輪廓用修容餅修飾。

8．口紅　應選用淡色系，亮麗、自然的口紅，表現出職業女性的健康與自信。

完成以上這些基本的化妝步驟之後，一位健康、靚麗、自信的職業女性，就會展現在人們面前了。

Chapter 3. 禮儀用餐

——桌上的優雅美人是什麼樣的

餐桌是全面檢閱個人行為習慣和修養的地方。如果你希望在用餐時也能展現淑女風範，有一些餐桌禮儀，就一定要注意到——

如果是以主人的身分舉辦宴會，則男女主人應該分別坐在長餐桌的中間、面對面而坐。如果你身為女主人，那就要逐一邀請所有賓客入座，而關於邀請入座的順序方面，第一位安排入座的應該是貴賓的女伴，位置在男主人的右手邊，貴賓則坐在女主人的右手邊。

如果沒有特別的主客之分，除非有長輩在場，必須禮讓他們，否則女士們可以大方地先行入座。一般來說，一個有禮貌的紳士也應該等女士們坐定之後，再行入座。

有服務生或男伴代為拉開座椅那當然是最方便的，但如果遇到需要自己動手的情況，就要注意避免發出座椅刮地板的聲音。

外出用餐時，女人免不了會隨身攜帶包包，這時候應該將包包放在背部與椅背間，而不是隨便放在餐桌上或地板上。坐定之後要維持端正坐姿，但也不必僵硬得像個木頭人，並且注意與餐桌保持適當的距離。

遇到需要中途離席時，跟同桌的人招呼一聲是絕對必要的，應該起身表示禮貌，甚至如離開的是隔座的長輩，還必須幫忙拖拉座椅。

用餐完畢之後，必須等男女主人離席後，其他的人才能開始離座。

餐巾必須等大家都坐定之後，才可開始使用。餐巾攤開後，應該攤平放在大腿上，千萬不要放進領口。餐巾的主要功能乃是防止食物弄髒衣服，以及擦掉嘴唇與手上的油漬，請不要在忘記帶面紙的情況下，用它拿來擦鼻子，因為這樣既不優雅也不衛生。

有些女人或許會擔心餐具的衛生問題，而用餐巾來擦拭餐具，其實這是很不禮貌的舉動，會造成餐廳或主人的難堪。用餐完畢，應該將餐巾摺好，放在餐桌上再離開。

在西餐的刀叉使用順序方面，原則是由外而內。要先使用擺在餐盤最外側的餐具，每吃一道，就用一副刀叉；食用完畢之後，刀叉並排放在盤子中央，服務生會主動來將盤子收走。餐具除了用來切割食物之外，也是被用來移動食物的，因此如果在正式場合下，轉動小盤子是很不禮貌的行為（用刀叉撥動食物的方向即可）。

Chapter 4. 站姿風骨

——日常生活中最基本的站姿禁忌

如果一個女人站在男人面前，男人感覺到她具有一種別樣的女性陰柔、端莊的氣質，而這種陰柔和端莊的氣質，又超越了女性的外表局限，散發著清水出芙蓉的美、詩一樣的韻味，那麼，這個女子是優雅迷人的，僅僅欣賞她的站姿就是一種享受了。

好的站姿對女性來說是很重要的。站，不僅僅是一個人最基本的姿態，而且也是女人優美舉止的基礎。只有站好了，才能體現出一種優美典雅的氣質，就像維納斯，不用任何語言，就能給人一種說不出的美感。

怎麼站呢？女性站姿的基本要領是：頭要正，不東倒西歪；雙目平視，切莫俯視斜看；嘴唇微閉，下頜微收，面部平和自然；雙肩放鬆，稍向下沉，身體有向上的感覺，呼吸自然；雙臂自然下垂於體側，手指自然彎曲；腿要併攏立直，膝、兩腳跟靠緊，腳尖分開呈60度，身體重心放在兩腳中間。

要有挺拔的美感，就得儘量挺直軀幹，且收腹、挺胸、立腰。豎看要有直立感，即以鼻子為中線的人體應大體成直線；橫看要有開闊感，即肢體及身段應給人以舒展的感覺；側看要有垂直感，即從耳至腳踝骨應大體成直線。

當然，這些只是日常生活中最基本的站姿，在不同的場合又有不同的要求。譬如在職場中，肅立時要身體直立，雙手置於身體兩側，雙腿自然併攏，腳跟靠緊，腳尖分開呈V字形；直立時雙臂下垂置於腹部，右手要搭握在左手四指，左手四指指尖不要露出。兩腳可平行靠緊，也可前後略微錯開。

要注意的是，在這種正式的場所，千萬不要將手插入褲袋或交叉在胸前，更不能下意識地做小動作，如擺弄衣角、咬手指甲等，這樣做不僅有失儀態的莊重，而且給人的印象是缺乏自信，缺乏經驗。

正確站姿不僅讓你倍感自信，更能贏得他人的尊重。儀態與自信是你在人群中脫穎而出的關鍵，優雅的姿態能給人留下深刻美好的第一印象。

在男人的眼中，女人有三種站姿他們最不喜歡——

1．駝背是不招人喜歡的　要擁有自信的外表，最簡單的方法就是抬頭挺胸收腹。雙肩向後靠，抬頭挺胸收腹的動作可以馬上顯露出你的自信與優雅。首先，此舉讓你看起來身材更高挑，人也更有氣質；其次，它能讓你整體造型更顯魅力——當你駝背時，人們的關注焦點會是你的不自在與害羞，而忽略了你的美麗；最後，抬頭挺胸收腹能幫助你從內到外展現自信與風采，這樣的你，大家都會想認識的。

2．腹部外凸要不得　正確的姿勢是在雙肩向後靠的同時也把腹部收起來。開始練習時會有點不習慣，不過你會慢慢適應的，同時這也是打造腹肌的最好方法。假如你工作太忙而沒時間做運動，也可以嘗試反覆收腹的動作，在幫助你塑造平坦小腹的同時，也培養了正確的站姿。

3．單肩挎包時斜肩也是要避免的　女人習慣將包包固定挎在肩膀某一側，長期下來錯誤姿勢就養成了，這就是為什麼我們應該有意識地經常換另一邊肩膀來挎包，否則就得接受一邊肩膀比另一邊高的難看景象。穿著正式服裝的時候，這個姿勢就更讓人不敢恭維了。

亭亭玉立的女人總能給人無限遐想。在一個人沒有開口說話的時候，站姿便表現了她內在的精神。優雅的舉止或動作的基本功在於姿勢。學會優雅的站姿是成為優雅美女的基礎。

Chapter 5. 青蔥玉手

——什麼樣的手讓男人如癡如醉

手是女人美麗的重要組成部分。青蔥玉手，是女性美麗的標誌。一雙修長、細膩、紅潤的纖纖玉手，不僅給人以纖柔、靈巧之感，更彰顯著女性的魅力。因此，追求完美、處處講究的女人，不但要有一張精緻的面孔，更要擁有一雙光滑亮澤、白嫩紅潤的玉手。

一個美女的指甲要修剪得很整齊，手指要纖細。手指纖細的人多半相當聰穎，指尖尖細表示具有智慧，肘部豐滿、手臂圓潤的人容易成功。最理想的手指應該是指頭尖，手指細、長、柔嫩。符合這些條件的手指便是「玉指」。

除手指之外，美人的手臂還必須細白，柔嫩，如凝脂般豐滿圓潤而富有彈性。這種手臂便被形容為皓臂、素臂。皓、素都是「白皙」的意思。女人的手是感性的。一雙溫婉纏綿的手，可以給男人一個奇妙的觸覺世界；一雙修長漂亮的手，是男人眼中一道美麗的風景。

女人的手是理性的。一雙靈巧智慧的手，可以傳達出意志與情感，從而可以慰藉男人的心。因此，女人的手可以從男人的視線裡直接昇華到心靈。女人的手在理性和感性疊加而成的世界裡，有著豐富的意蘊，像一件天然的藝術品，令藝術家們癡迷、陶醉，他們憑此創造出了不可計數的對手，寓意深刻的藝術品。

女人的手不僅是藝術家創造的靈感，她同時還用自己的溫柔、纏綿、靈巧編織著一個真實的世界。女人的手不僅代表著修養和品位，更代表著在男人的心上，有著一塊溫柔纏綿的角落，期許一個只有女人才能給他的溫婉世界。

美手，從美甲開始。要有一雙美麗的手，就必須經常修剪指甲。在好萊塢電影全盛時期，人們時興留尖尖的長指甲。修整後的指甲還需進一步打扮，才能使得手指看上去美麗動人，通常是根據自己的喜好把指甲染成各種鮮豔的顏色。斗轉星移，隨著現代科學技術的發展，指甲油成為最受現代女性青睞的化妝品之一。

指甲染成什麼顏色，可根據自己雙手情況決定。原則上，指甲顏色應當與口紅同色。把指甲染成服裝的顏色是很明智的，不過，每更換一次衣服就得重新塗染指甲，這個就有點麻煩了。

手是女人的履歷表。保持指甲的優美，才能使雙手更加光彩照人，才能使女性更加優雅迷人。一雙美麗的手，需要你花費比臉部更多的精力和時間。從日常生活的點滴做起，才能使美麗更完整！

Chapter 6.

裝點背部

——女人怎麼樣展示背後的風景

女人行走在大街小巷，讓人注目讓人頻頻回眸讓人肆無忌憚地大膽欣賞，絕不僅僅是她的正面，也包括她動人的背影。背影透露出女人無數的資訊，往往令人生出許多遐想和美妙的感覺。有時候，走在大街上，男人壓根兒沒有見到你的臉，卻會為你麻花辮子飄飄的蝴蝶結而心動，為你長裙上那排鈕釦行雲流水般地遊動而想入非非，為你旗袍開叉處的一個小飾品，隨款款的腳步擺動而心嚮往之……

一個成熟群落中的男人間有一個不算祕密的祕密：女人最撩人處之一，就是從她背後所看到的兩個「X」處，一個在肩頸部，另一個在細腰部。下面，就教你怎麼樣展示「背後的風景」。

裝點女人背後風景的方法相當多，只要用心，女人完全可以讓自己的背影一顯嫵媚。比如，晚上外出時，尤其是穿晚裝款的衣服時，記得繫上條長絲巾。當你從人流中飄然而過，你的背影絕對會給人一種朦朧浪漫之感，且使人感覺到特別富有女人味的呵護感與溫馨感。時下流行的大方巾，圖案別緻浪漫，披繫在頸、背部，那份含蓄中的跳躍，實在會令人回味無窮。通常的做法是把絲巾展開，讓它裹住肩和背及上臂，拉緊後把多餘部分放至腰部固定住。

裝點背部，也可在裙裝的後腰部綴一些新奇又好看的小飾物，如玻璃珠、骨頭飾品及各種仿古飾品。用這些小飾物點綴腰間，可是有方興未艾的流行勢頭。因為它們能把女性的纖細演繹成玲瓏、嬌柔，而富有靈氣的美感。

裝點背影途徑有許多，但無論採取何種方式，都要善用女人的種種儀態美，在款款而行時去把握和演繹。俏肩微聳、腰肢稍做擺動、步態輕盈如貓……要記住，這些可都是要訣。

女人的背影在男人眼中能夠引起怎樣的聯想？很多浪漫的男人大多有過為了一個女人的背影，追上幾條街的經歷。其實，打動男人的不是她的背影，而是一種感覺。

每一個女人都有一種氣場，女人背部散發的魅力是人體獨有的，它給男人感受和影響最多的不只是感觀的衝擊，更是心靈上的一種震撼。

Chapter 7. 對付老化肌膚

——較為快速的淡化皺紋方法

不同年齡層人群的皮膚狀況是有差異的。比如，10多歲的孩子，細胞分裂能力很強，即使過度曬太陽，只要離開陽光一段時間，皮膚很快便能恢復原來的顏色。但25歲以後，皮膚就很難代謝復原曬黑的皮膚。

皺紋也是如此，皮膚的生長期一般在25歲左右開始變得緩慢。之後，生長與老化同時進行，25歲是年輕皮膚與老化肌膚的分水嶺。

女人在25歲時，一定要警惕第一條皺紋。

過了25歲的女人也許會留意過，第一條皺紋是從眼部生出，也就是說，女人的衰老最先開始於眼部。眼部比臉部和其他部位的皮膚平均薄近10倍，眼睛每天大約要眨動一萬二千～一萬五千次，眼肌的過度運動易使眼部皮膚最早衰老。加之現代人用眼時間過長，成年人平均每天用眼時間為12～18小時，更加快了眼部的早衰。

皺紋有不可逆轉的特點，一旦形成後，即難以去除，所以女人從25歲起必須注意保養，避免皺紋的產生和加深。如果你是經常處於煙霧彌漫、乾燥、密閉、高溫、日曬、頻繁進出空調環境的人，或是像工作在室外、酒店，或是從事餐飲、空服工作的人，都是屬於容易產生皺紋的人群，因此更要特別注意。

有的女人30～50歲時還一直用嬰兒護膚品，除了誤以為嬰兒品質單純、溫和、無刺激，是最好的保養品之外，還沒有意識到25歲是皮膚生長皺紋的分界線，對膚質的改變需要有所警覺。當然，25歲前的女孩，過早地使用抗皺精華素等超齡保養品，也是不恰當的，因為這樣反而會增加皮膚的負擔。

另外，要注意的是，無論你花多麼高昂的代價抗老除皺，效果都是非常有限的。只有拉皮、膠原蛋白注射等醫療美容，是較為快速的方法。

當然，25歲不是絕對的皮膚衰老界線，如何才知道自己的皮膚開始衰老呢？通常，隨著年齡增長而老化的皮膚，會顯得非常乾燥、粗糙和暗淡，不像以前那樣容易吸收養分，上妝時容易顯浮粉，不自然，沒有彈性，早生皺紋，這時就是老化開始了。

對付老化肌膚的主要對策是改善乾燥粗糙膚質、加強保濕、促進養分的吸收能力，以及淡化皺紋。其方法並不難。先去除老化角質，經常借助敷面膜提升皮膚表面的溫度，促進血液循環及毛孔的暢通，使保養成分能有效滲入皮膚底層。經常按摩，加速皮膚新陳代謝。注意防曬，同時養成良好的作息習慣，避免熬夜或過度緊張疲勞等等。

Chapter 8. 羞澀之美

——康德關於人類文明進步的格言

女人羞澀的神韻，尤能刺激人的豐富想像力，甚至使人著魔入迷，如醉如癡。羞澀使女人增添了無窮的魅力，更閃耀著人性美的光輝。

羞澀，是人類文明進步的產物。任何動物，包括最接近人類的猩猩，是絕對不會害羞的，自然也就沒有羞澀。羞澀是人類最天然、最純真的感情現象。它是一種感到難為情、不好意思的心理活動，往往伴隨著甜蜜的驚慌、異常的心跳，外在的表現就是態度不自然，臉上蕩漾起紅暈。女人臉上的紅暈，就是青春羞澀的花朵。女人的羞澀是一種美，是一種特有的魅力。

羞澀，是女性獨具的特色，是特有的風韻和美色。誠然，男性也會害羞，然而，更多的、更頻繁的、更鮮豔迷人的羞澀，卻總愛浮現在女人的臉上。男性羞澀臉上往往顯得狼狽可笑，而女性羞澀的盈盈笑臉，卻被認為是自然合理的。如果女性缺少了羞澀，甚至會被看成是厚顏無恥。由此看來，羞澀應該說是屬於女性的，特別是屬於女人的，或可索性說此乃女性之特色。

一提紅顏，誰都知道指的是女子（特別是美貌女人）而不是男子，這「紅」字顯然不只是面部的青春紅潤，更重要的是與羞澀有直接的關係。

紅色的羞澀象徵著女性，但它往往稍縱即逝，所以，自古女子就學會了使用紅色的胭脂，起到了羞澀常駐的效果，有助於保持和強調女性的特色。

羞澀朦朧，魅力無窮。

英國哲學家康德說：「羞澀是大自然的某種祕密，用來抑制放縱的欲望；它順其自然地召喚，但永遠同善與德和諧一致。」

羞澀之色猶如披在女性身上的神祕輕紗，增加了她們的迷離朦朧。這是一種含蓄的美、美的含蓄；是一種蘊藉的柔情、柔情的蘊藉。女人的羞澀促進兩性關係更加親密、更加完美。動人的表情、迷人的色彩，文雅的舉止，朦朧的神韻，溫柔的蘊藉，女人的羞澀竟具有如此大的神奇魅力和功能！

的確，在世上所有的色彩中，女人的羞澀表現出一種癡醉的詩意，一種夢幻的情感。女人的羞澀是最美的。

Chapter 9.

聲音的能量

——使一個平庸女人魅力倍增的唯一方法

優雅的聲音，使女人的魅力得以完全放射，它是一種能量，一種吸引力，它能達到「不見其人，只聞其聲」就產生好感的效果——女人的聲音還可以征服男人，也許很多女人還不知道聲音這一重大的作用吧！

有時，面對美麗的女子，男人會覺得高不可攀，會自卑。但是，面對一個撒嬌或甜美的聲音，男人會充滿自信，會強烈地意識到自己是個大男人，進而在這種思想的控制下憐香惜玉。

能擄取男人心的都是細語柔聲、甜言蜜語的聲音。最受男人歡迎的女人的聲音是溫順、輕柔的聲音。聰明女人會在悅耳的聲音中注入精彩的人性，讓聲音形成迷人的風景。這樣的聲音是最有力量的，它能夠熔化男人的鋼筋鐵骨。

優雅女人會時時注意自己聲音的力度、音階和速度。她像一個調音師，時時精心聽著每一個音節而奏出整體優美的音樂。溫柔的語言、親切的態度、婉轉的音調、平和的旋律，這些加起來，會使一個面貌平庸的女人變得異常有女人味，而且魅力倍增。這樣的女人，即使有一天老了，魅力也永遠不會丟失。

那麼，女人該如何培養優雅的聲音、高雅的談吐呢？

1．溫婉柔美　溫柔的聲音，娓娓動聽，如高山流水的音樂，美妙絕倫；如林中清脆的鳥聲，悅耳動聽；如飄溢流香的酒，沁人心脾。溫柔的聲音是世界上最美麗動聽的音樂，令人陶醉。

2．文雅得體　一個美麗的女人，講出滿口粗俗的話，一定令人失望。優雅得體的言談，要注意說話的語速、語氣、語調，說話的內容要注意場合，切忌在公眾場合高談闊論，手舞足蹈。女人講話可以適當地使用肢體語言，但是過多的動作就會適得其反。

3．伶俐敏捷　女人說話一般不宜咄咄逼人，不與他人唇槍舌劍。女人可以發揮才思敏捷的本事，說話有條不紊應答如流的女人，到哪裡都大受歡迎。

4．幽默風趣　富有幽默感的語言能使人備受歡迎。俏皮風趣的女人，如跳躍的音符，招人喜歡。做一個風趣的女人，遠遠比做一個木訥、古板的女人來得開心。

5．嬌語滴滴　女人不宜太強悍，假如遇到難辨的事情，發揮女人柔弱的一面，偶爾耍耍孩子脾氣，適度的撒嬌，降低女人的本事，請有英雄氣概的男人幫助，既能給英雄展現風采，又能使你的困難得到解決。適當的時機，適度的撒嬌，猶如菜中的調味劑，令菜餚更加可口美味。

女人如果不注意自己的聲音，即使你本身是鳳凰最後也會變成烏鴉。有些女人的聲音過度刻板，很機械，發聲跟電腦程式差不多，完全不能讓人產生幻想。失去聲音的魅力，就猶如失去女人的特徵。

所以，女人應該像訓練形體一樣的訓練聲音，這樣才能增加女人的自信並改變女人的命運。女人優雅的聲音就像一種美妙的音樂。

Chapter 10. 漂亮的心

——世界上最具有魅力的兩句話

芸芸眾生中，不乏漂亮的女人，而真正擁有一顆美麗心靈的女人並不多。對於一個漂亮的女人來說，即使使用名貴的香水，也總會失去它的芳香；而對於一個擁有美麗心靈的女人來說，從她內心深處散發出的幽香卻可以經久不衰。讓我們都成為內心深處散發著幽香的女人吧！

首先，我們來看看這類女性的共同特徵。

經常說「我愛你」和「謝謝」——這是世界上最具有魅力的兩句話。她們都有一個可以擊退10萬大軍的祕密武器，那就是隨時都可以看到伊人的微笑。

對待不同的人，她們都有不同的方法。對待弱小和需要幫助的人，她們會顯現出無比溫柔；對待那些欺軟怕硬、恃強凌弱的人，她們又都表現得很強悍不妥協。

她們從不會忘記相信和熱愛自己的人。她們就像大樹一樣站在原地，在下雨的時候，為別人遮風擋雨；在烈日炎炎時，為別人帶來一絲清涼。同時，她們還會將自己結出的果實，無私地給予別人。

她們如火一般熾熱的心靈，可以融化冰雪；她們如鋼鐵一般冷酷的心靈，可以澆滅任何烈火。

沉默時，她們如淑女般恬靜；談話時，她們又如公主般優雅。

她們每個人都與眾不同。生氣的時候，她們都表現得異常冷靜，這並不是強忍怒氣，而是表示理解和寬容。

每次看到她們的時候，都會有種新鮮的感覺，人似乎變得更美麗了。她們並不是虛有其表的花瓶，而是具有智慧的善良女子。

她們都喜歡去陌生的國度旅行，並以此豐富自己的知識。

她們無一例外地認為，人生就是一場宴會，一生中，自己可以穿上美麗的衣服，也可以和別人毫無顧慮地聊天，甚至還可以期待明天發生奇異的變化。

與那些因為怕惹麻煩而明哲保身的女子不同，當遭遇突如其來的暴風驟雨時，她們最先考慮的不是裙子會不會淋濕？而是冒雨幫助路邊的殘障攤販收拾攤位。

她們猶如一塊潔白無瑕的玉，用自己的色澤和香氣感染著四周。

因為她們都有一顆美麗的心靈，所以才顯得更加美麗！

Chapter 11. 溫柔的力量

——英國女王伊莉莎白與老公的愛情糗事

溫柔的女人是最有女人味的女人，也是最有魅力的女人，她們總能以柔克剛、以靜制動，取得神奇的效果。

在歷史上，雖然有許多英雄豪傑在戰場上叱吒風雲，其英勇幾乎有「一夫當關，萬夫莫開」之勢，可是，只要美女們輕輕地亮一下溫柔的劍柄，便使戰無不勝的英雄男兒們，骨頭酥軟，魂飛天外，乖乖地做了俘虜，可見溫柔的厲害。於是，便有了「英雄難過美人關」的名句。

一天，英國女王伊莉莎白與老公鬧彆扭，老公氣得關門不出。半天過去，英女王怕老公在裡面悶壞了，心疼地叫老公開門，說：「快開門，我是女王。」對方硬是裝聾，不開，英女王又說：「我是伊莉莎白，請開門。」對方仍不理睬她。英女王靈機一動，溫柔地說：「老公，開門，我是您的妻子。」整日生活在女王陰影下的老公，受壓抑已久，聽了如此溫柔的話語，如沐春風，叫他如何不開門，「進來吧，夫人。」

溫柔的力量一樣無可抵禦。一男青年在拐彎處緊急煞車時被後面的一輛車撞到了，血氣方剛的他，想都沒想轉過頭便欲破口大罵，當他回頭看到車上坐的是個妙齡女郎，她正帶著歉意的微笑，用柔情的目光看著他時，他先前的惱怒早已煙消雲散，臉上一窘，轉過頭騎車走了，但仍不忘回頭多看了那女郎幾眼。

一個女人如果有了孩子就完成了一次蛻變，母親的光輝讓她溫柔無比。好萊塢有名的女明星安吉莉娜・裘莉，曾經以豪放叛逆著稱，人稱「好萊塢發電機」。無論是在工作還是在生活當中，她所表現出來的強大，令許多男人都無法與之相比。

但是從她的養子、柬埔寨孤兒馬克多斯身上，我們看到了她身上溫柔的母性。雖然兒子並非她自己親生，但安吉莉娜・裘莉把養子當成掌上明珠，到哪兒都抱著，當她低頭望著兒子時，那溫存的眼神，讓人為之感動不已。因為喜歡兒子馬克多斯，裘莉開始喜歡更多的孤兒，後來，這位愛心媽媽成為聯合國的慈善大使。為了不讓馬克多斯孤獨，裘莉又收養了一個俄羅斯孤兒。連裘莉自己也說：「恐怕除了馬克多斯，這個世界上哪個男性，也沒有得到過裘莉這麼多的溫柔！」

溫柔，是上天為女人量身而做的服裝。女人穿著溫柔這件衣服，便擁有了最強大的武器，她能在人生的道路上所向披靡。在現實生活中，還有很多女性，把溫柔用於工作當中，這令她們在「山重水盡疑無路」時，獲得「柳暗花明又一村」的奇蹟。

Part 4

成熟優雅的風度

Chapter 1.

最美的姿勢

——法國女人走在街上為何如此優雅

最美的女人姿勢也是優美的，也許她體型略胖或瘦一點，但是姿勢一定是優雅動人的。好的姿勢不僅是女人外在美的基礎，也表現著女人對生命的態度和對未來的追求。

相對來說，女人身體的結構、比例等條件，往往比較固定，但姿勢卻因為其獨特的動態性而變得更加可塑。姿勢與動作不同，動作更傾向於一些涉及全身的瞬間的姿勢；而姿勢，則是持續的位置狀態，如：行走、奔跑、站立、坐下，等等。

姿勢可以反映出女人的身體素質、思維敏捷度、情緒狀態、個人地位和社交狀態，甚至還可以反映出性別、年齡和職業。

有一次，一位朋友說：「一個女扮男裝的人，即使她外表裝得很像，也能很容易看出來。只要看她走路的姿態就可以了，女人與男人走路的方式是不同的。一般來說，如果不是長時間刻意地模仿、練習，都是很容易被看出來的。」

女人的姿勢真是優美而獨特的。

身心和諧的女人，姿勢是柔和舒展的；積極進取的女人，姿勢是挺直端莊的；心胸豁達的女人，姿勢是雍容飽滿的；優雅高貴的女人，姿勢是優美動人的；善良溫柔的女人，姿勢是柔美可人的。

在法國，經常看到街上無論高矮胖瘦的女人，總是舉止優美、步履輕快，站著時身體筆直，走路時抬頭挺胸，即使穿著普通的服飾，也讓人覺得是十分優雅的。

許多女人不大注意姿態，習慣性地弓背、叉腿；即便穿著一身名牌，走路卻左搖右晃，兩肩不平；腳尖內八字或外八字；雙臂有時會像機器人似地搖擺。這些姿勢會讓女人的美感大打折扣。

姿勢是女人靈魂和內在精神的物化，女人的姿勢、品質和性情應該是和諧統一的，尋找和修煉適於自己風格的姿勢，是魅力女人一門相當重要的修煉課程。

一個優雅的女人不僅僅要學會怎麼站、怎麼行走、怎麼坐臥，還要學會日常工作生活中常有的姿態，比如攜帶和提拿物品、下蹲、看書、打字、講電話和談吐等的姿態。

要做一名優雅的女人，可以想辦法在家裡安裝一面足夠大的落地鏡子，以便可以經常在鏡子前練習最佳的基本姿態。

Chapter 2.

心靈的窗戶

——什麼樣的眼神能擊垮天下最強悍的硬漢

許多女人的眼睛不一定大，但卻顯得很清亮和深邃，能給人神祕感與親和力。男人非常喜歡探索這種眼睛，它對男人產生的誘惑並不亞於女人的美色。從女人的眼睛裡能讀出很多東西。女人可以用一個眼神拒絕男人，也可以融化男人。眼睛是心靈的窗戶，內心一點點的波動，也會毫無保留地顯露在眼神之中。

通常，最吸引男人的有兩種眼睛：一種是純情的水靈靈的大眼睛，這是少女才有的眼睛；一種是媚眼，這是漂亮女人專有的眼睛。媚就媚在女人拋眼神的手法和技巧上。很多男人曾經有過被女人的一個媚眼電暈，暈得甚至不知道自己在幹什麼的經歷。女人拋媚眼的分寸把握很重要，太過會令人噁心、肉麻，分寸恰當才會電力十足。

男人最怕女人「哭」時的眼睛，古往今來，有多少男人倒在了女人的淚眼下。不過，很多女人並不知道，儘管男人怕女人哭，怕被哭得心煩、怕被哭得心軟，但讓男人最痛心、最心碎的哭，是心愛的女人把眼淚噙在眼中，含淚地哭，無聲地泣。

男人知道，那是女人心中淌著有情的淚，不是撕碎了情的號啕大哭。女人扭轉身去落淚的一瞬間最動人，最容易擊垮天下最強悍的男人。

女人要想征服男人，最好的辦法是在自己眼裡構築男人著迷的世界。女人被男人征服，是因為男人有征服女人的能力。男人被女人征服，是因為女人有一雙理解男人能力的眼睛。女人的眼睛其實是無邊無際的情網，一旦她網住男人，男人就會變成她的俘虜、她的羔羊。

在無數種女人的眼睛中，秋水眼絕對迷人。這種秋水眼表面像有一層亮閃閃的秋水，神奇得很，除了無比美麗，還有極強的魔力。它能淨化男人的心靈，據說再花心的男人，一見這種秋水眼，也會變得相當專一。

眼睛的美關鍵在於有神，當然要明眸如水才能傳神。一汪潭水清澈蕩漾，欲語還休含珠淚。俗話說：一顧傾人城，再顧傾人國。眼睛是最具有殺傷力的身體器官，面對一雙含情脈脈的眼睛，別說是柳下惠先生，就連自己都有可能潰不成軍，眼睛的威力不可估量。當然，美麗的雙眼絕不是天生就長出來的，這還得靠後天的栽培澆灌，由內而外全面美麗。

大多數女人只注重眼睛外部的美容，但想要擁有一雙被稱為「美麗」的眼睛，更離不開內部的護理。漂亮的女人都是明眸善睞的，一雙水汪汪的眼睛最能打動人，它可以不大，睫毛可以不長，但一定要水靈。

含水的眸子脈脈且深邃地看著男人，光對著他不說話，也能讓他感受到千言萬語在其中，什麼英雄好漢來了恐怕都招架不住。如果這眼睛一旦變得乾燥，目光渾濁渙散，就如兩顆陳年的乾癟龍眼乾沒有了神采；一旦患上了慢性結膜炎，血絲一條一條地爬在眼珠子上，就是配上西施的臉蛋兒也沒用了。

女人那雙忽閃忽閃的眼睛，宛如青山綠水、日月星辰，使男人一不小心就掉進去。縱有千般如鋼的意志，也在凝視這雙眼睛之時，化做繞指柔……

Chapter 3.

美在頭上

——關於一流頭髮品質的三個標準

女人美在頭上，男人美在腳上。

一頭秀髮給女人的不僅是美麗幫襯，更是一種生命的象徵，一個生活品質的標識。

女人要特別留意頭髮是否乾淨、健康和美觀，是否修剪得好。如果一個女人的頭髮不乾淨，修剪得又粗糙，形象是會大打折扣的。看女人頭髮的品質，就可以看到女人的生活品質。

好的頭髮品質有三個標準：乾淨清爽的衛生度、健康的髮質，和高技巧的修剪。

衛生度是魅力女性文明程度的基本表現。通常我們判斷一個國家或城市的文明度，最直接的就是看看街道和餐廳的衛生。城市如此，女人更是如此。判斷女人的文明度首先看她的衛生度。頭髮露在女人的頭上，如同人的一面飄揚的旗幟。想像一下，一面油膩破舊的旗幟和一面潔淨鮮豔的旗幟，哪一面更能代表國家形象呢？所以，先不要說什麼髮型好看，首先要讓頭髮乾淨起來。衛生度不達標的女人是沒有基本魅力可言的。

在我們的生活環境中，灰塵、粉塵、化學物質，以及各種微生物（細菌、黴菌）對頭髮有很多污染。如果還習慣使用髮膠、慕絲等定型用品，頭髮附著的髒東西更是遠遠地超乎想像。因此，保持清潔，短髮一到兩日一洗，長髮兩到三日一洗是必需的。

很多髮型師都有這樣一個觀念：健康的頭髮是最好看的頭髮，無論做什麼髮型，髮質健康是大前提。但頭髮的健康問題常常令很多人頭疼，因為現代女人喜歡變換髮型，不斷地燙、染、吹風造型，不斷地折騰，又忽視對頭髮的保養和修護，使髮質變得粗燥、乾枯、分叉，還常常會有脫髮、掉頭皮屑、褪色等問題。健康的頭髮需要像呵護皮膚一樣，進行持續的護理。

找到適合自己的髮型也是為形象加分的重要元素。一個適合自己的髮型要綜合考慮到頭型、臉型、脖子的長短、身高，以及個人氣質和出席場合等多方面因素。換句話說，最適合你的髮型就是完美的髮型。

這方面，你可以聽聽髮型設計師的意見，他們見多識廣，一眼就能替顧客做出分析與提供意見。

天生直髮與自然捲髮以髮縫為中心，頭髮垂下來的角度如果是髮稍整體垂直向下，就屬於天生直髮類型。如果從側面看呈曲線狀態，則屬於自然捲髮。

硬髮與軟髮——硬髮的特點是髮絲粗、硬，不柔順，有些還會自然地豎起來，所以不易打理出有造型感的髮型，比較適合剪短髮或者是進行軟化處理。軟髮的特點則是不光滑、無光澤、髮絲較細，容易貼著頭皮。柔軟的頭髮其實是很好造型的，相當適合飄逸的長髮。

髮量多與髮量少——髮量多的人頭髮看起來會很沉重，因此最好能剪出層次或打薄，讓頭髮有輕盈感。髮量少的人若頭髮參差不齊，或層次多，會使頭髮稀少的特點更加明顯，因此儘量以髮梢整齊為好。

Chapter 4.

頸部之美

——如何知道女人的衰老程度

女人的脖子，是一段露出身體的玉，無論正面、側面、背面都具有別樣的吸引力。

優雅的女人，脖子應該是細細長長的，有著優美的曲線，歐洲的貴族女人特別強調這一點，因為這樣的脖子有著天鵝般高貴的感覺。很多舞蹈如芭蕾舞、拉丁舞都特別強調挺胸、抬頭，讓下巴驕傲地揚起，拉長頸部的線條，讓人覺得挺拔而優雅。

脖子優美挺拔的女人，給人一種自信和貴氣的美。

美麗的脖子還應該是圓潤、白皙、光滑的，觸之如絲絨，切忌有非常明顯的頸紋。不少女人長有天生的頸紋，起初較淺，只有一兩條，但隨著年齡的增長，頸部皮膚會鬆弛，頸紋會越來越明顯，還會增加至三四條，甚至更多。

頸紋深、多容易顯老態。與面部相比，頸部的皮膚更加細薄脆弱，皮脂腺和汗腺的分布數量只有臉部皮膚的$1/3$。皮脂分泌較少，保持水分的能力弱，容易乾燥老化，加之頸部經常處於活動狀態，更使頸部肌膚容易出現鬆弛和皺紋。所以有人說：「數一數女人頸部的皺紋，就知道她衰老的程度。」如不儘早保養，容易導致人未老頸先衰。

女人的脖子也是一個非常性感的部位。男人喜歡伏下身親吻女人耳旁的臉頰，也通常會站立摟抱女人。在親吻雙頰耳鬢時，貼近脖子的感覺是很愜意的。連接脖子的耳垂部，是女人的腺體較為發達的部位，常常散發著女人獨有的體味，女人自體的氣息往往特別能夠深深地誘惑和吸引男人。懂得情調的女人都喜歡在這裡點上一滴香水，讓氣味更加迷人。

頸部之美對於女性極其重要。頸部護養要提早開始，尤其是年紀已過25歲的女性，更要有針對性地對頸部進行護理，千萬不能等到老化鬆弛、皺紋重重，甚至沉積了許多脂肪之後才開始。

多做頸部旋轉、拉伸運動。長期堅持做頸部運動，不但有助於塑造頸部曲線，還可避免因下巴皮膚鬆弛、脂肪沉積而形成雙下巴。令頸部皮膚富有彈性，而且可緩衝頸部肌肉與皮膚的疲勞感。

頸部運動可以在富有節奏感的音樂聲中進行，方法為：將頭交替前俯和後仰；分別向左和右側擺動；從左至右旋轉，再反方向從右至左旋轉；用頭部畫大圈帶動脖頸全方位轉動。

Chapter 5.

手上的風情

——女人一隻手最多戴幾枚戒指

戒指，是穿在女人手上的風情。

戒指雖小，卻很別緻、頗具個性，代表著難以估量的魅力。當你在過多的首飾面前難以選擇時，首選的應該是一枚獨特的戒指，那份獨有的時尚、自信的感覺，會展現你不俗的品位。

在所有的首飾當中，大多女人最鍾情的也是戒指。女人都期望擁有一枚心愛的戒指，哪怕只是一枚精緻小巧的戒指，因為戒指代表女人幸福的象徵。

當男人握著女人的纖纖細指，把戒指套上與心臟血脈相連的左手無名指，那是女人最最幸福的一刻。

有的女人把戒指戴在食指上，表示正在追逐著這份幸福；把戒指戴在小指上，是向人們宣稱，我是獨立的，我不要被圈住。

無論女人的戒指戴在哪裡？應該記住的是，優雅的女人一隻手最多只戴一枚戒指。

如果手上已經戴了結婚或訂婚戒指，就不要再戴別的了，別學那暴發戶的誇張手法，除了俗不可耐，就沒別的讚詞了。

這枚戒指應該是精緻而高品質的，鑽石當然是最恰當的，鑲在白金或黃金上都一樣優雅。選擇鑽石戒指關鍵要看切割方式是否能適合手形，手指比較短的可以選橢圓形、邊角呈圓弧狀的方形、長方形、梨形、水滴形，這些形狀可以使手指顯得修長。纖細的手指適合多面體或正方形的，鑲座也可以高一點。

如果只是平時或旅行戴的戒指，可以選擇裝飾性的花戒，這種戒指最好是自然品質的。我比較喜歡琥珀的或綠松石的花戒，既可以和我的服裝搭配，又耐看，讓人玩味，看起來具有一種異國情調。

這種戒指沒有太多的講究，可以隨自己的喜好戴在任一手指上，只要適合手形、膚色和整體裝扮的風格。

還要記住一個基本原則——你戴的主要首飾中，只能有一件是仿製的。比如你戴了仿製珠寶的戒指，那麼項鍊、耳環等其他飾物，最好就要選用真品了。

Chapter 6.

健美的胸部

——女人性別的第一標識

胸部是女人性別的第一標識。胸部也是女人最介意的。據有關調查顯示，受人種、遺傳等因素的影響，在同年齡段東方成年女性中，擁有豐滿乳房的人還不到四成。

胸部給人的吸引力是很大的，儘管很多人都不願意承認這一點，但胸部的確是女性魅力的焦點。從這一點來講，女人在適當場合半露酥胸，是可以增添女人味的。

女人的胸部最重要的不是大小，而是乳房是否挺而有彈性。大而軟的乳房有成熟感；挺而有力度的乳房，更富有活力，顯得性感。乳房的形態非常重要，挺而有力度的乳房，大多呈半球形或圓錐狀，雙乳頭之間的距離大約為20公分，乳房底部的直徑約10～12公分。透過衣衫顯現出來的自然乳房形態，是最具有吸引力的。

女人最好不要將希望寄託在胸罩上，胸部偏小的女人，雖然帶上有厚墊的胸罩可以顯得大一些，卻會給人一種「假」的感覺。因此，女人不要為乳房不夠大而過於煩惱，也不要為胸部豐滿而沾沾自喜，保持彈性和挺拔是最重要的。很多女人因為怕胖，這也不吃、那也不吃，當然就不可能擁有飽滿的乳房。

要有健美的胸部，第一步就是補充營養，最好的方法是每天吃全麥麵包的早餐、一天一杯牛奶，及一天一顆綜合維生素錠。此外，千萬要注意血液循環是否正常，注意自己的月經週期是否正常？月經量是否過多或過少？月經血色是否偏黑或偏淡？最好先請教婦產科醫師或中醫師，讓專家幫你診斷，調養體質。

從膚色來說，皮膚黝黑的女性乳房最好是堅挺的，意味著活力、健康；皮膚白的女性，最好能軟一點，白而柔軟得像溫潤的軟玉一樣。

乳頭最好是小而挺拔，因為小即意味著精緻，和乳房的形態也能很好地協調。乳暈顏色要鮮要集中。一般來說，少女時期，女人乳頭小而偏桃紅、鮮嫩、乳暈也少。隨著年齡的增長，性激素增加，黑色素沉積，乳頭和乳暈容易變得大而深色，尤其是生過小孩以後。

女人到了一定年齡，應注意預防乳房下垂、鬆弛，通過按摩、健胸等手段來保持乳房的年輕狀態，重塑胸部曲線。

Chapter 7.

粗糙的痕跡

——處理體毛的方法和工具

體毛是人體特徵之一，但很多人不喜歡體毛，包括女人自己。女人汗毛越多，越讓人對她有距離感和排斥感。在不少人眼裡，女人體毛的多少代表著文明進化的程度。

女人的身體最好是光潔的，這會讓人感到潔淨和精緻，當然，有一些細細的、胎毛似的小絨毛也無傷大雅。尤其是腋毛、腿毛這兩個部位的體毛一定要保持乾淨。體毛處理要徹底，如果不到位，會有欲蓋彌彰的感覺。那種剃毛之後，又留下點小毛茬的狀態，是女人粗糙的痕跡。

過去，女人不流行剃腋毛，那時衣服穿得多，身體是包裹起來的，腋毛很少外露。現在穿著風格趨向少和露，女人越穿越少，越來越露。如果不剃腋毛就穿上小背心、超短裙出門，確實不甚雅觀。

脫毛時一定要講究方法，因為毛細血管、毛細神經集中在毛根，若不小心用力過大，會刺激皮膚，加劇疼痛感。搞不好，還會引起發炎、皮膚過敏什麼的，讓人折騰痛苦不堪。

實際上，處理體毛的方法和工具很多。如果毛髮不旺盛，只是偶爾應急處理，可選用脫毛膏（液）。這種方法簡便易行，效果比剃刀、脫毛刀更好。

如果經常外出旅遊，脫毛貼布（紙）也很方便，輕薄小巧，便於隨身攜帶。在所需部位貼上後，揭去即可。這種方法，由於揭時會拔除一部分毛髮根部，脫毛後可保持相對較長的時間，而且新生毛髮也會有越來越細的趨勢。

目前新型的脫毛慕絲也不錯，使用更加便捷，只需輕輕一噴，撕下就可除去不雅的體毛。這種產品含蘆薈、杏仁油，及維生素E等天然植物成分，使用後對皮膚還有滋潤柔滑的作用。

如果體毛分布面積較大，又多是柔軟細小的汗毛，可選擇到美容院做專業蜜蠟脫毛。通過美容師的專業操作，可以快速、大面積地清除體毛。如果體毛較旺盛，分布面積較廣，又想永久性去除，那麼，專業的鐳射或光子脫毛則是比較理想的選擇。

Chapter 8.

誘人的臀

——造成女人肥胖的主要原因

男人看女人，成年時是看臉，成熟時看胸，熟透時看臀和大腿。無論如何，女人的美臀，是性感的、香豔的、誘人的。

美麗誘人的臀，第一是形狀。類似水蜜桃和蘋果之間的形狀是不錯的，圓潤且富有曲線感。臀，是女人身體最飽滿、體肉最多的部位，應該是豐滿滾圓的，最好不要有凹下去的地方。

美豔的臀型得靠腰顯。腰細是點睛之作，如果腰粗了，女人形體的美感便大大減弱了。據說女人束腰，目的並不僅在於將腰肢束小，還為了襯托出臀部的豐滿、增加臀部的魅力。腰圍與臀圍的黃金比例是7：10，符合這一比例的女性最有形體吸引力，據說也最聰明。

僅僅是細腰還不夠，還得要有力，才能將豐滿的臀向上提得翹起來，越往上翹越性感。上揚的翹臀，行走時會帶給人活力和激情。

臀部下面彎入的曲線則最好是柔美、圓渾而緊緻的，沒有明顯的多餘贅肉。所謂豐乳肥臀說的不是肥，而是圓渾。當然，也不宜太扁平，好像平板般地乏味。即使雙腿修長的女人，臀部如果扁平或下垂，也就無法表現胴體曲線之美了。

美豔的女人臀要講顏色。人們往往喜歡女人的身體膚色白皙，特別胸部皮膚要白。不過，大家對臀部膚色卻偏愛原始一些、野性一些，比如古銅色或小麥色。這讓女人的身體更具有誘惑力。

提醒女人，不要長期騎車或長期磨損臀部，比如長期坐著工作。長期磨損後，臀部沉積下來的色痕，還有長期被短褲勒出的印痕，並不招人喜歡。建議不要長期穿一種款式，較硬、較緊的內褲。晚間睡覺時可以不著內褲。

不良的坐姿不僅讓背脊體型受影響，臀部也會隨時間的推移而變形。比如，像軟骨頭似地斜坐在椅子上，會使壓力集中在脊椎尾端，造成血液循環不良，氧氣供給不足。

站立太久，會造成臀部供氧量不足，新陳代謝不好，讓你的小腿產生靜脈曲張。

抽菸、喝酒、熬夜不睡覺等不良生活習慣，會使血液循環不好、肌肉鬆弛，想要擁有豐盈圓潤的臀部，已是不可能的了。

高熱量、高甜度、口味重是造成肥胖的主要原因。

相對身體其他部位，臀型的變化要大得多，女人要多加用心，特別注意的是，不要讓臀部鬆弛和下沉。

Chapter 9.

可愛的鞋子

——華爾街上流行的一句俗語

一雙糟糕的鞋，可以毀掉女人的魅力。

華爾街上曾流行著一句俗語——「永遠不要相信一個穿著破皮鞋和不擦皮鞋的人。」可見鞋的品質還是人人可見的信度。

事實上，女人優美的姿態，很大程度也與鞋有著緊密關係。穿平底鞋與穿高跟鞋走路的感覺，是完全不一樣的。不管你是否喜歡穿高跟鞋，一旦穿上，因為要平衡身體的重心，你會不由自主地變得挺拔起來。為了不至於走成「蝦米」或「坐板凳」式，你必須適當地收緊小腹，伸直膝蓋，將重心自然地從腳跟過渡到腳尖，讓步履儘量輕盈一些。

如此一來，走路時自然會變得優美婀娜起來。因此，即便個子偏高的女性在出席正式場合，也要選擇稍有高度的鞋子。

鞋子中，比較好搭配的是黑色、米色的。一般不要穿白色的鞋，那會讓你的腳顯得很大，用米色代替是一個好方法。如果絲襪是膚色，再加上淺色的裙子，可以讓身型顯得修長。顏色鮮豔的鞋（金色、紅色等）只有配上華麗的晚裝，才會顯得別緻。

穿休閒款服裝時，最好不要穿細高跟的鞋子，宜選擇中跟穩當的鞋，或平底的，即使你的個頭並不高。

一個有魅力的職業女性，至少得有10雙能夠穿得出去的鞋子。其中2～5雙可以搭配各式各季、適合搭配三種自己常用色彩的正式套裝的鞋，2～4雙晚會鞋，2～3雙休閒便鞋，2～3雙運動鞋，還應根據喜愛的運動項目，選擇適宜的專業運動鞋。

如果你喜歡旅遊、徒步旅行，還得特別準備心愛的旅遊鞋或登山鞋。運動休閒是放鬆和快樂的，穿上心愛的鞋，心中會充滿更多的快樂和喜悅感。如果講究一些的話，你的鞋可以擴充到20～30雙以上。偏於時尚行業的女性還得有時裝鞋，建議每一季都應購進1～3雙合心意，或者當季流行的或經典的新鞋，讓自己從腳底時刻散發和體驗著新鮮感與時尚感。

當然，還有一個重要建議：絕不要為了美麗而過多地犧牲舒適，不要選擇鞋跟超過5公分的高跟鞋，那會損害身體健康。此外，對於職業女性來講，過高的鞋子會限制活動範圍，降低活力與魅力。

正裝鞋建議選用3～4公分高度的小牛皮鞋，端莊大方容易搭配。顏色以中性色為宜，尤其是黑色，黑色宜於和中性色調或更多色調的衣服搭配，包容性較強。當然，淺色調衣服搭配黑鞋會顯得過於沉重，這時你可選用有黑色部分的衣服來呼應，或是配一些黑色的帽子、圍巾、項鍊之類的飾品。

此外，如果找不到適合的鞋子配某件衣服，可以選中間色調。一般可選古銅色或紅銅色的鞋子，搭配暖色調的衣服，灰色、霧銀色的鞋子搭配冷色調的衣服。

因此，通常你應備有三種色調的鞋子，中性色黑色，中間色古銅色、紅銅色、灰色等，還可選擇任何一種你喜愛的色調，與你喜歡和適合的服飾色系搭配。

Part 5

激情四射

Chapter 1.

點燃生命

——激情的能量大於欲望的能量

激情是主動擁抱陽光的一種態度，一種對追逐目標的執著，一種珍惜人生新鮮生活的激情。激情永遠是女人生命不老的一種能量。一個有激情的女人，應該永遠像一個孩子般，興奮地、執著地、勇敢地奔向目標。

欲望是人的最大動力，而激情的能量甚至超過欲望的能量。如果說欲望是生命的動力，那麼，激情則可點燃生命的動力。很多人並不缺少欲望，但缺少激情。

不少上了40歲的女人，覺得自己年紀大了，認為自己失去了青春，失去了一切。這類女人會缺少激情，人未老心已衰，在氣勢上就已經輸給了男人一大半。

沒有激情的女人是枯萎的，甚至是可悲的。激情使生命燃燒，能產生出超然的能量。人最可怕的是沒有目標，沒有激情。即使為了一件衣服，為了一件心儀的首飾，也好過麻木、沉悶的狀態。

充滿激情的生活使生命力長盛不衰。激情是一種年輕的體徵，越年輕的人越有激情。反過來說，是激情讓人年輕，保持激情就保持了年輕。

人的青春一如人的感官，也是用進廢退，你經常迸發激情，就能保持和昇華激情。容易興奮才是一顆年輕的心的特質。

那些保持著對新鮮事物的興奮和好奇的人，通常她們不僅外表看起來，比實際年齡年輕許多，而且表現出來的心態也更年輕。她們通常都有相同的特性，就是常常保持著一顆少女般的赤子心——興奮、愛玩、愛哭、愛笑、愛感動。她們通常比常人清純和簡潔，常常會有像孩子般固執、任性的個性。

激情是青春與活力的同義語，有激情的女人才有活力，充滿活力的女人會顯得更年輕，她的人生舞台都是有滋有味的。

不斷為自己設定一個目標，將房間漆成自己最喜愛的顏色，更換家中或辦公室的擺設，用足夠的時間上網接收新知訊息，從各行各業中挑選朋友，與樂觀的人一起聊天，與比自己年齡小的人在一起，蒐集鼓舞人心的語錄——這些都可以使自己變得富有激情。

人本身是不易衰老的。即使你只有20歲，但如果沒有激情、沒有活力，生命就像瓶中那支枯萎的花朵——開始凋零。

Chapter 2.

滿懷夢想

——布萊絲憑什麼被老闆稱讚為「自信女皇」

一個滿懷夢想的女人，想要在工作上獲得成功，通常她要付出的努力，常常會比男人超出很多。

女人要取得更好的成績，首先要對自己充滿信心。

自信是一切事業成功的第一要素，沒有自信，哪怕再簡單的事情都無法做得完美，而有了自信，你就能把許多困難視如平常，你就讓把自己本身的工作，演出做得出色。

布萊絲對自己老闆的嚴厲，可以說深有領略。

剛進公司時，她就十分害怕面對老闆，可男同事就不一樣，不管老闆如何凶？他們表面上必恭必敬，實質上頭腦裡正迅速地尋找解決問題的方法，他們的面部表情不像女同事那樣誠惶誠恐，而是鎮定從容、若有所思，不一會兒就及時找到了讓老闆大體滿意的解決方案。

於是，她自問：「男同事可以不怕老闆，為何我要怕？大不了雙向選擇，為什麼要唯唯諾諾？」

很快，布萊絲就把自己訓練得如男同事一般，在精神上不畏懼老闆的火氣，頭腦急速運轉，再也不像以前那樣被老闆嚇成木頭人。

老闆對員工的儀表要求也近乎苛刻，服裝整齊得體僅僅是最基本的要求，最難以做到的是，他要求員工必須有與外貌所匹配的精神狀態，要昂首挺胸，目光凌厲。

布萊絲儘管相信外表是自信的最直接體現，可她曾一度非常苦惱，原因是她不覺得女人如此「目露凶光」有什麼好？然而當她對著鏡子練習，她發現，定定地直視鏡子中的自己時，整個人氣質都改變了。她突然間就領悟到，女人在工作中，常常並不是需要一雙柔情大眼，更需要的是眼神的清澈犀利……

後來，每次她跟老闆說話的時候，眼睛都是直視對方的，她語調謙遜平和，可她的銳利眼神告訴老闆：我有足夠的實力做好你委託我的每一件事情。

結果會是怎樣呢？向來不苟言笑的老闆，居然在公司年會上稱讚布萊絲是個「自信的女王」——夠揚眉吐氣吧！

不存在做不好的事情，只有提不高的信心。女人完全能夠做得跟男性一樣好，甚至更好，只要你勇於面對一切，敢於自我挑戰。

實際上，在生活中，若是刻意去找，任何人都會找到自己抱怨的事情，可作為女人，你要時刻警醒自己，你有男人沒有的優勢，也有男人所不具備的缺點，這一切要求你要自強不息。

所有蔑視困難，敢於向困難挑戰的女人，都是勇敢而又有魅力的女人，哪怕她們身處極度黑暗的世界，也要為自己承擔起責任，她們不甘心過向人乞求的可憐蟲生活，面對困難乃至挫敗，她們始終不絕望，也從不去找任何一文不值的藉口。

女人要謹記：假如你隨波逐流，被動地接受命運的擺佈，缺乏抗爭不幸的巨大勇氣，那麼你終將毫無建樹。

Chapter 3. 學習偶像

——如何將自己變成你所希望成為的那種人

作為女人，一生中要扮演很多角色。而無論扮演哪個角色，沒有自信心都無法成功。自信心是正確認識自己、認識他人的一個前提。

人生有90%的力量，都來自自我暗示和潛意識。而這種內在力量實際上就是自信。你能夠克服的困難的大小，取決於你信心的多少；你能夠征服的事物的多少，取決於你信心的強弱。

總的說來，自信滿滿的女人，總是比欠缺自信的女人更容易成功，無論對於學業、事業還是兩性關係，這是一條不變的法則。是的，只要你充滿信心、積極而熱情地投入生活，即使你沒有花心思在塑造形象上，出眾的氣質也會一直跟隨著你。

潘蜜拉相貌普通，個頭也不高，但她一直對自己十分有信心。她愛自己的方式，就是努力充實自己，讓自己受到最好的教育，完全不把重點放在塑造形象上。

她在美國常春藤大學讀到博士學位，學識淵博，融會古今。她丈夫也是博士，夫妻感情相當好。她的朋友們從未見過她失去信心的時候，無論何時看到她，她總是一副挺胸抬頭的姿態，臉上也總掛著自信的笑容。那種從內心流露出來的奪人氣質，使人不由自主地被感染，從而完全忽略了她形象上的平凡。

有些人之所以無法建立起自信的形象，是因為她們太敏感，很容易受到外界影響，總是產生關於自我的負面資訊。比方說，這類人會在心裡不自覺地和周圍人比較，從而找出自身的弱點，如沒有別人漂亮，個子沒有別人高，能力沒有別人強等。把自己看得處處不如人，還未競爭就先在心理上輸了，從而變得不能夠接納自己。一旦自己都無法接納自己，又如何給自己打氣，進入這個競爭激烈的社會呢？

要知道，凡事有信心都不一定會贏，更何況沒有信心又如何能與贏沾上邊呢？

在人的潛意識裡，每個人都有一種傾向，即希望自己成為和心目中偶像一樣的人——即學習偶像。學習偶像是自己關於未來發展的藍圖，它會影響你的態度和行為，體現在學習、擇業、交友，以及生活伴侶選擇等各個方面。

因此，如果你希望自己受人歡迎，不妨在心中勾畫出一個擁有自信、健康、愉快形象的偶像，以此來做學習的典範，引導自己前進。按照這個形象的要求行事，久而久之，你終將變成你所希望成為的那種人。

Chapter 4.

參與競爭

——「與世無爭」是消極失敗的代名詞

一些女人經過多年打拼後，感到世事難料，身心俱疲，乾脆逃離戰場，回家一心一意相夫教子。

有些不善處理人際關係的女孩，大學畢業後很害怕去找工作，只好終日待在家裡，成為名副其實地「啃老族」。

不管她們是出於個人意願，還是被逼無奈，起初她們一定認為：只要遠離社會中的煩擾紛爭和利益衝突，就能變得自由自在、無憂無慮，安心享受寧靜和澹泊了。但是，她們真的能夠如願以償，過上與世無爭的幸福生活嗎？答案是——不能！

與世無爭是一種消極被動的生活態度，「與世無爭」是消極失敗的代名詞。這個社會，矛盾本來就無時不在，無處不在，一個人不可能永遠不與他人發生矛盾。女人在生活、工作中時時處處都要面對競爭，彼此之間的競爭也無可避免。

生活中，很多女人覺得自己不幸福，因為她們過的是一種「人為刀俎，我為魚肉」的生活。她們不懂得跟人競爭，總是自卑地認為自己很弱小，從來不敢大膽面對他人的強大，更沒有想過自己會超越他人，打敗他人。她們缺乏一種競爭意識。

從心理學的角度來說，在有競爭的情況下，人們能夠最大限度地發掘自身潛能，創造更大的價值與財富。好勝心與成就動機，是人類普遍具有的本能，競爭對於積極性的激發和工作效率的提高都大有好處。力爭上游的女人，往往更具有開拓精神，能夠創造新的價值。

女人在工作與生活中，應當樹立拼搏精神：在工作過程中要不甘落後，敢於脫穎而出；在人生道路上要敢於冒險，勇於參與競爭。一個富有主動性、創造性和競爭意識的女性，自然會積極努力，爭取更好的發展空間，贏得別人的尊重和好感。

當然，競爭給女人帶來動力的同時，也帶來了很多的弊病，比如，在競爭的過程中，容易讓人產生嫉妒心，特別是在職業、年齡、地位、性別、學歷相當的女人中間，一時的嫉妒心還會引發互相排斥、厭惡、憎恨等激烈情緒，競爭就變成了爾虞我詐、明爭暗鬥的手段。這樣會嚴重影響了女人的健康心理。

女人應該持有正確的競爭態度和方式，保持勝不驕、敗不餒的健康心態。處於劣勢時，女人應當改變思路和方法，自我提高並趕超對方；處於優勢時，女人要做到謙虛謹慎，不能看到別人遭遇挫折就幸災樂禍。

現今的世上很難存在與世無爭的人，也不會出現與世無爭的生活。女人嚮往的生活需要自己去爭取。

不要膽怯，不要逃避，更不要害怕。別人擁有的一切，你照樣可以擁有。保持心理健康，和對手公平競爭，爭取過上自己理想中的幸福生活，這才是你應該做的。

Chapter 5. 堅決笑起來

——幽默只屬於樂觀的女人

幽默屬於樂觀的女人。消極悲觀的人，是笑不起來的；充滿狐疑的人，話裡也難以蕩漾暖融融的春意；整天心情抑鬱的人，話裡肯定有解不開的憂鬱。只有心胸坦蕩、超越了得與失的樂觀之人，才能笑口常開，妙語常在。

一個人只有具備樂觀的信念，才能對於一些不盡如人意的事泰然處之。幽默是一個人對待生活態度的反映，是對自身力量充滿自信的表現。

作為一個女人，只有對自己的前景充滿希望，才能發出由衷的笑聲。即使暫時處於逆境，仍能對生活充滿信心，在生活中發掘幽默，用快樂來熨平生活留下的傷痕。而對那些整天皺眉，心事重重的女人來說，生活充滿了痛苦和絕望，快樂不過只是幻覺。這樣的女人，她們的談吐又如何有幽默可言呢？

一次，有一個老上校與士兵們一起開慶功會，在與一個士兵碰杯時，那個士兵由於過於緊張，舉杯時用力過猛，竟將一杯酒潑到了老上校的頭上。士兵當時嚇壞了，可老上校卻用手擦擦禿頂的酒笑著說：「年輕人，你以為用酒能滋養我的頭髮嗎？我可沒聽說過這個偏方呀！」說得大家哈哈大笑，令這個士兵對老上校充滿了感激和崇拜。

蘇珊是公司裡營業額最高的年輕女孩。因此，她要求經理加薪。

「蘇珊，妳的薪水和其他的男職員比起來已經很高了。」經理企圖說服她：「況且他們都已經成家了，有兩、三個孩子哪！」

蘇珊回答：「我一直認為我們的薪水是根據各自在公司的生產情形，不是依據公司以外，在家的生產狀況來決定的哩！」

幽默的女人，說出話來雖讓人感到如憨似傻，卻因心境豁達，反而令人感受到她厚實的天性和無窮的智慧。如果女人都能擁有一份曠達朗潤如萬里晴空的心境，她們說的話，也就完全能夠達到「無意幽默，但卻幽默自現」的境界。

善於使用幽默的女人，她們常常能將窘迫的情境化為烏有，這實在令人羨慕。有個女議員發表演講，在大家都側耳傾聽時，突然座中有一個聽眾的椅子腿折了，這個聽眾順勢就跌落在地面。此時，聽眾的注意力馬上就分散了，女議員見狀急中生智，緊接著椅子腿的折斷聲大聲說道：「諸位，現在都相信我所說的理由足以壓倒一切異議聲了吧？」話音一落，底下立即響起了一陣笑聲，隨後，就是熱烈的掌聲。

大家都喜歡聽幽默的語言，就像喜歡聽動人的音樂、欣賞美妙的文章一樣；和談吐幽默的女人在一起，就如同置身於蔚藍的大海邊，或壯美的大山中一般讓人陶醉。

懂幽默的女人必定是樂觀的，她心胸開闊，哪怕是走到人生的低谷，她也會微笑面對，在她的笑聲中，人們可以聽出她的希望；一個心胸狹窄、思想頹廢的女人，是不會有幽默感的；懂幽默的女人必定是開朗自信的，她不一定會向所有的人敞開心扉，但她懂得與人分享她的喜怒哀樂，她不會把事情憋在心中，每天鬱鬱寡歡，她有一個健康的心態；懂幽默的女人必定是寬容的，她不會斤斤計較，她懂得與人為善。即使別人傷害了她，她也不會與人針鋒相對，硬碰硬地拼個你死我活。

Chapter 6. 假想快樂

——怎麼使令人厭煩的工作變得有意思

堅持心理上積極的自我暗示，對於女人獲得成功是非常重要的。

一位小姐在奧克拉荷馬州托沙城的一個石油公司工作。最使她乏味的是，每個月要花幾天的時間，填寫一份塞滿了統計數字的報表。怎麼使這令人厭煩的工作變成有意思的事情呢？她點出每天早上所填的數量，儘量在下午去打破自己的紀錄；然後再點清一天所做的總數，第二天想辦法再打破前一天的紀錄。結果，她很快地把使她乏味的報表填完了。

她這樣做，是為了得到讚揚嗎？不是！是為了得到感謝嗎？不是！是為了加薪或者提升嗎？也不是！她只是為了要把這沒有意思的工作，儘快地擺脫掉。這樣，她就會也擺脫了枯燥乏味的工作情緒，同時也就擁有了更多的休息時間。

下面又是一位打字小姐，她做得更妙：把沒有意思的工作，假設為很有意思，結果卻得到了意想不到的報償。她的名字叫維莉・哥頓，住在伊利諾州愛姆霍斯特城坎尼華斯大道一四七三號。她把自己的故事寫信告訴卡耐基——

「我們辦公室有四個打字小姐，仍然常常忙得不可開交。有一天，副經理一定要我把一封長信重打一遍。我告訴他，只要改一改就可以了，不一定要重打。他卻對我說，如果我不願意重打，他就去找願意打的人來打。我簡直氣暈了。但是我想到，如果我不打，就會有很多人來抓住這個機會，代替我的工作位子。何況人家給我薪水，就是要我做這項工作的。於是，我便假設喜歡這項工作，高高興興地做。奇怪的是，這樣一假設，我好像真的喜歡這項工作了，速度也加快了不少。這個發現，使我改變了過去的工作態度，大家都認為我是一個很不錯的職員。後來有一位主管需要私人祕書，就讓我去擔任那份新的職務。」

這件事可以證明，心理狀態轉變所產生的力量。假如我們「假想」自己很快樂，到最後，我們也會真的變得快樂起來。

Chapter 7.

刺的魅力

——仙人掌和玫瑰對待生命的不同態度

仙人掌和玫瑰都有一個共同點，那就是身上都長滿了刺。但是，它們各自的生命經歷與對待生命的態度，卻截然不同。

先說仙人掌吧？它不僅渾身都是刺，而且還長得很難看，所以一直被人們厭惡。這樣過了一些日子後，仙人掌就認為自己根本沒有資格和人類生活在一起，所以就選擇了逃避。仙人掌悲傷地離開了人類，走向遠方，希望找到一個沒有人跡的地方，最後它留在了炎熱而乾燥的沙漠裡。在沙漠裡，仙人掌逐漸適應了殘酷的環境，並安心地住了下來，甚至在其他各種雜草紛紛逃離沙漠的時候，它也始終沒有離開過。

女性要想成為魅力十足的人，絕對不能像仙人掌那樣輕易放棄。身上同樣長滿了刺，卻依然傲立於花叢中的豔麗玫瑰，才是女性們應該學習的榜樣。

玫瑰雖然與仙人掌一樣也長滿了刺，但與仙人掌以刺為恥的想法不同，玫瑰卻認為這恰恰是自己的魅力所在。眾所皆知，玫瑰是公認的花中之王，它以凜然不可侵犯的美麗與高傲捍衛著自己。當然，玫瑰也不是從一開始就受到人們的追捧，但它卻一直都沒有放棄，始終在努力。它不僅沒有怨恨自己身上的刺，反而利用這一點努力尋找隱藏在自己身上的獨特魅力。

你看過玫瑰的X光片嗎？X光片上的玫瑰竟然是沒有刺的。它知道外表對自己來說並不是全部，所以當別人說：「你的香氣太濃了，還有這麼多刺，我可不敢接近你！」的時候，它並沒有因此而氣餒，反而變得更加堅強。

所以說，女性要想使自己成為一個被人愛的有魅力的女人，就應該像玫瑰那樣，不要受到小小的挫折就灰心喪氣，而應該嚮往更加廣闊精彩的世界。同時，充分利用自己的特點，尋找屬於自己的獨特魅力，並為之奮鬥。絕不能像仙人掌那樣逃避，否則，你永遠都不可能實現自己的理想！

女性只有在相信自己的價值，並對自己充滿信心的時候，才有可能取得驕人的成績，得到別人的認可。在這個世界上，所有事情對任何人都是公平的，在熙熙攘攘的人群中，凡是自信的人渾身都會散發出一種與眾不同的光芒，最終，他們必然會得到比其他人更多的東西。

Chapter 8. 不要找藉口

——世界著名大文豪蕭伯納的墓誌銘

蘇珊娜女士從小就夢想成為一名偉大的作家，雖然總想著一有機會就去寫書，可是，學生時代被學習所累，參加工作時又被工作所累，最終她連一個字也沒能寫出來。所以，她經常會冒出這樣的念頭：「如果我專心寫書的話，那該有多好啊！」

這樣的念頭變得越來越強烈，讓她逐漸對工作和生活失去了興趣和熱情。最終，她主動提出了辭職，因為她覺得自己已經有了一些積蓄，辭掉工作後也不用操心生計，具備了在家裡專心寫書的條件。

半年過去了，她不僅沒有成為一名作家，還把全部積蓄花得精光。更要命的是，她連一篇像樣的文章都沒有寫出來。每當坐到書桌前，她都覺得自己有非常深刻的東西要表達，可是怎麼也寫不出來，因為她的腦海中已經沒有了以前的靈感。在這種狀態下，她每天只能寫下幾行字。

日子就這樣一天天過去了，她逐漸對自己失去了信心，變得懶惰和嗜睡。突然有一天，她頓悟了，以前因為沒有時間而推遲某些事情，純粹是自己找的藉口，因此，錯過了很多東西，比如在繁忙的工作中忽然冒出的絕佳靈感等。

的確，如果她在當時能將那些靈感一一記錄下來的話，如果她一直擠時間進行創作的話，可能現在的她在工作與創作兩方面，都已經獲得了成功。

像蘇珊娜女士那樣，如果覺得因為忙而什麼都不做，那麼即使她有了時間，也什麼都不可能做好。

一般來說，人是在繁忙中產生各種欲望的，所以當你準備做某件事情的時候，絕對不能以繁忙或者條件不足為藉口。只要我們認為做得到的事情，無論環境怎樣艱苦？都應該堅持下去，如果能夠做到這一點，那麼，世界上就沒有什麼事情是不可能發生的。

通常情況下，在準備做某件事情時，大部分人都會選擇等待一個絕佳的機會。為此，他們會找出各種各樣的理由作為藉口，比如說：「等我先把手頭上的事情做完了」、「等到新年來臨就立即開始」、「現在資金有些緊張，等攢了更多的錢再做這件事」等。但是，所謂的最佳時機究竟會不會如期而至呢？

——答案是否定的。

忙完了「這一陣」之後，你自然還會面臨另外的事情；所謂的「金錢危機」並不是一時的，它會一直困擾著你；而那些盲目地等待最佳時機和最佳條件的人，窮其一生都不會獲得成功。只有在惡劣的條件下努力克服困難的人才能最終成功。如果真心想要完成一件事情，那麼你就不要再找任何藉口了——立即付諸行動吧！

記得世界著名的大文豪蕭伯納的墓誌銘，是這樣寫的——

我早就知道，無論我活多久，這種事情還是一定會發生——

１９５０・１１・２　棲身於此。

Chapter 9.

受歡迎的女人

——不做女強人，要做強女人

想做一個受歡迎的女人，請一定記住——不做女強人，要做強女人。

「女強人」，一個聽起來令人生敬又生畏的名字。任你是誰，聽到這三個字，腦海裡立刻浮現出一個身穿藍灰套裝、頭髮盤成髮髻、不苟言笑不親和待人、張口對著下屬一頓痛罵的冷女人形象！

這是眾多女強人的人前形象。不過，女強人也有柔弱的一面，只是你看不到而已！偶爾夜深人靜，她們獨自淚垂：「唉，為何溫馨的情感總是離我那麼遠？難道，是我還不夠優秀？」

不是的！落單是因為你太優秀，落單也是因為你鋒芒畢露，不懂得隱藏自己的優秀！

女人，願意輸給一個男人，是一種愛，更是一種自我保護。你把針尖對準了外人，對方自然只能以利器來對抗！

作為一個女人，最大的悲劇在於：她不需要男人來保護！因為這樣她會喪失很多戀愛的機會，畢竟，男人，尤其是優秀的男人，依舊更鍾情柔情款款的女人！

而作為一個女人更大的悲劇是：她不僅不需要男人的保護，甚至還有一大批男人需要她的保護！這樣的女人算得上強人中的強人，可敬但不可愛，如果不是把她當成「飯碗」，沒有男人不選擇退避三舍！

工作中的女強人受人肯定，婚戀場上的女強人受人冷遇。作為一個職業女性，如果不懂得適時地釋放自己的默默嬌羞，那離成功的婚戀結果還很遙遠！

提倡女人要自強，但做女人要做強女人，而非女強人。同樣的三個字，排序不同，自然蘊含的意思也不同。

女強人有鐵腕的工作作風，有令男人膽寒的業務手段，有巾幗不讓鬚眉的膽識與謀略。但這一切都將她塑造成一個生硬的女人，不容易妥協的女人以及缺少女人味的女人。

強女人有明確的生活態度，有足夠自立的生活能力，對婚姻對異性有著遊刃有餘的聰明智慧。作為女人，女強人不是人人做得，遊歷社會要有強悍的作風和能力。但強女人卻人人做得，只要你有一顆足夠強勢的心！

女強人希望全世界都以她為榮，但強女人只需要讓自己最愛的那個男人以她為榮。自強但不爭強，是一個女人獲得幸福的基本元素。

女人，時時要記住：不做女強人，要做強女人！

Chapter 10.

打敗自己

——如果我們在某件事上遭遇失敗怎麼辦

獅子在追兔子的時候，失敗的次數竟然比成功的次數多很多。

其實，仔細一想，道理很簡單：獅子是為了飽餐一頓而奔跑，兔子卻是在為了生命而奔跑。孰輕孰重，大家一看便知。由此我們可以聯想到，人們的潛力也是可以無限發揮的，只在於你是否願意盡力而已！

因此，如果我們在某件事情上遭遇了失敗，第一件事情不是尋找客觀理由，而是自我檢討是否盡了全力。來吧，親愛的朋友們，讓我們盡力做好每一件事情吧！相信沒有什麼事是不能做到的。首先，我們要做的就是，打敗自己！

南茜患有小兒痲痺症，10歲的時候，不得已開始使用拐杖。後來，聽說游泳對鍛鍊腿部肌肉有奇效，她的父母就讓南茜去學游泳。四年後，南茜在加利福尼亞聖巴巴拉市舉行的一次游泳比賽中，獲得了第三名的好成績。19歲時，在全國大賽中獲得了第一名。當時，羅斯福總統慈祥地問她：「你是怎麼以殘疾之身獲得冠軍的呢？」

「我只是一直都沒有放棄罷了，閣下。」南茜十分自豪地說道。

成功的女人都曾經拼命地努力過。若想成為一名成功的女性，我們需要做的事情還有很多。首先，讓我們抬起頭來，在空中建造一座屬於自己的宮殿吧！

現在，請閉上眼睛想像一下，在天空中很高的地方，有一座建造得富麗堂皇的宮殿，然後，你穿著一身鑲有寶石的衣服，與一位英俊的王子翩翩起舞，周圍的人們都用無比羨慕的目光看著你。此刻，這樣的你是不是感到再也無所求了呢？那麼，請問你的宮殿建好了嗎？

如果你的宮殿已經建好了，那麼你現在要做的就是在宮殿的下面築造階梯，你建的宮殿越高，需要築造的階梯也就越多。接下來，對於你來說，就只是沿著階梯一步一步走向宮殿了，但這些舉手之勞的事情，無論如何也不能成為你的目標。

當然，不是努力了就肯定會成功，但不可否認的是，那些成功人士無一例外都曾經拼命地努力過。

現在的人們大多存在這樣一個共性，那就是還沒有真正開始努力，就放棄了許多事情。大家可能從身邊的人身上發現過這樣的現象：只要一遇到困難，他們就會找出各種無法成功的理由，然後心安理得地逃避；還沒有付出全部的努力，就說這是拼命也無法完成的事情，這樣的做事態度，怎能獲得成功？

Chapter 11.

破局突圍

——古今中外的偉人戰勝困難的三種方法

成功之路往往是從突破困境開始的。在困境中，女人的思維活動特別積極，特別複雜，它往往是一個女人確定人生目標，尋找自己奮發動力的關鍵時期。它有助於女人深刻地理解人生，全面地分析自身的處境，清晰地認識自己的才能，理性地規劃自己的事業，並描繪出美好的夢想。

也就是說，越是在困境中，追求美好幸福人生的願望越強烈，越容易獲得巨大的動力。難就難在，如何破局突圍，如何去實現自己的夢想？

縱觀古今中外的智者和卓有成就的偉人，他們戰勝困難的方法不外乎下面三種：

第一、是牢牢記住自己美好的理想。必須堅定內心強烈的願望，不要因為時間的緣故或隨後發生的事情，而轉移了自己的注意力，喪失了自己的初衷與目標。

如果你忘記了自己的目標，就等於放棄了目標，那麼你所經受的折磨和痛苦的忍耐就完全成了負面的體驗，也就一無所獲。當再一次遭遇困境時，你會感到自己格外不幸，特別容易沉淪。這會從根本上動搖你的人生，摧毀你對生活的信心。

如果你在困境中描繪理想的藍圖、把困境當成積蓄動力的機會，你不僅會有收穫，而且會變得更堅韌、更自信。當時過境遷，當機會來臨時，你會牢牢抓住它不放，並一舉成功。

第二、是不理會困難，懶得去思前想後。這個方法是最簡單的，也是最適合女人的。如果你有著非常強烈的願望，那麼就忘了眼前困境，跟著自己的願望走，不要過多地用理性的思維去分析這種願望合不合理，判斷它是否可能實現。

如果你做不到這一點，那麼，坐困愁城一籌莫展時，你可能連活下去的勇氣都會喪失掉。到了這種地步，必須放棄所有的理性思考和推斷，直奔目標而去，根本不必算計自己是否會達成目的。因為此時這一切都已不重要，而且過於理性會變得對你有害。

要知道，人生不是理性推導的結果。人生從來就不是完全合乎理性的，現實的世界也存在大量不可理喻的東西。理性是人們認識事物、理解事物的一種方法，但並不是唯一的方法。

人生與世界萬物一樣，並不是理性的產物，雖然它們看起來有一定的道理可循。而最緊要的關頭、最重大的變化，往往是無理可講的。就連科學本身，往往是建立在並非窮盡的科學依據基礎之上的。

醫生給病人治病，是拿可以治這個病的藥給病人吃，而無須向病人解釋其醫學原理。對於人生中不合乎理性的變故，如果非要講出一番道理，那就只能歸結為那句老話：天無絕人之路！

每一個人都不應該從自己得不到幸福、無法實現美好人生的際遇中，得出悲觀的人生公式，並用它去摧毀自己和他人的人生。這樣做不僅是荒謬的，也是不道德的。人人都應該擁有自己的夢想，人人都應該以實現自身的夢想為前提，來推導和設計自己的未來，這才是頂級的人生智慧。

第三、要懂捨得的方法。有捨才有得，為了取而予。得與失，是一對矛盾，有得必有失，有失必有得，得與失共存。在人生的困境中，在令你無法忍受的愁城中，擁有的一切一定少得可憐。

然而，這時你大可不必那麼看重它，或許徹底地放棄會帶來翻盤機會，可以破局。物極必反，這是基本的常識。

Part 6

活出精彩

Chapter 1.

生命的關卡

——影響女人一生的七個資本

從出生到18歲，有一個好的家庭背景是女人首要的資本。

很多活得平凡又屢屢碰壁的女人，抱怨自己沒有一對好的父母。這樣的抱怨未免流於偏激，但好的家庭出身，的確是女人莫大的資本，在當今這個注重「身分」的年代裡，好的家庭背景，是女人的第一身分！

18～25歲，能確立一個人生目標是女人可貴的資本。

大多數人總是活得平凡又平庸，原因就在於大家都只有生活目的，而沒有生活目標。如何讓自己過得更好？你一生要為之奮鬥的目標為何物？每個人都說，我要過得幸福。但怎麼才能幸福，沒人想過，也沒人知道！

25～35歲，獲得一個良好的婚姻是女人幸福的資本。

結婚是女人的大事，也是年輕女人腦袋裡一天到晚想的事，能嫁個好男人的確是所有女人的夢想。當然，在這段人生的黃金期內，能把婚姻確立下來是大事一樁，立業，成家，缺一不可，男人女人皆是如此！

35～45歲，能有個良好的工作狀態是女人精彩的資本。

結了婚便全職在家的太太，優閒是優閒，只是幾年過後，她們都會普遍覺得日子越過越無聊。即便不是全職太太，結了婚的女人也常常為了家庭的緣故，放緩乃至放棄事業的腳步……

不想成為婚姻中的弱勢人群，女人，別放棄自己事業的精彩！

45～55歲，能有個健康的身體是女人最大的資本。

好多女人就是在這個年齡段被查出罹患了癌症，化療，吃藥，一天一天數著日子往下過，在絕望中搜尋人生僅有的一點樂趣。這個年齡段的女人，想要活得好，健康是一大關鍵！

55～66歲，能有個好的心態是女人快樂的資本。

這個年齡的女人面臨的是更年期。這個時期的女人最愛鑽牛角尖，遇事偏往窄處想，覺得全世界都跟自己過不去，日子越過越難受！這時候，好的心態的確很重要！

66歲以後，能有好的兒女是女人欣慰的資本。

自己精心養大的兒女，這個時候終於到了能派上用場的時候了。小的時候能碰上一對開明的父母，老的時候能碰上一個善解人意的子女，就是人生最大的滿足了！

Chapter 2.

文化唇膏

——女人為什麼應該學習政治家

文化、素質、修養和時裝、化妝品一樣，對塑造你的形象起著至關重要的作用。你所擁有的獨特的氣質，會使你成為獨一無二的——迷人。

女人應該學習政治家。你要像政治家一樣注意形象，除了有一個真實的你，饞嘴的你，貪玩的你，愛睡懶覺的你，還應該要有一個光彩照人的你，舉止高雅的你，談吐不俗的你，或懂得音樂、美術、文學的你。這些都有助於你塑造美的形象，這些都是愛情的媒介。為了最美的你，為了美好的人生，為了美好的愛情，你或多或少要有點付出。

要獲得這些也並不難。你不是每天出門都要化妝嗎？每次化妝都要佔用你相當長的時間。如果是沒有目的出門，沒有什麼收穫的閒逛，不如不出門，把化妝的時間、閒逛的時間用來看一兩本提高自己品位的書，了解一點點文學、藝術、歷史、文化的常識。

它們絕對不用佔有你很多的時間，有那麼幾個小時就足夠了，你只需了解一點常識，懂一點皮毛，往往也就足夠了。任何一門學問，任何一門科學，只要你肯花上一、二個小時，都可以有一個大概的了解。這至少讓人覺得你對這些東西並不陌生，也給了你更多與人交流的話題。

沒有人向你請教這些並非是你的專業的問題。懂行的不會問你，不懂行的不敢問你，否則那不是明白地告訴你，在這些知識上，他比你更無知嗎？這是一個人人都想表現自己的時代，若不是你的仰慕者、崇拜者，人們都不會有耐心聽你說第一句話。他們都急不可耐地想開口，要表達自己的思想觀點和願望，不會有人願意把更多的話語權給你。他們只是想知道，你是不是一個有文化素養的人，以便他們選擇以怎樣的態度、怎樣的禮儀來接待你，接納你。

社會交往和社會活動中，需要你興趣盡可能廣泛一點，接觸的面盡可能寬一點，懂一點點，往往就是一張通行證。每多一點知識都可以塑造一個更迷人、更有魅力的你。

現代社會是一個追求享受，熱中膚淺，但求簡單，娛樂化傾向越來越明顯的時代。在這樣一個社會裡，你對自己的人生和前途的認識，自然是越深刻越好。

此外，現代社會不僅越來越呈現出多元化的趨勢，同時也充斥著大量冗餘資訊，有很多東西大可不必浪費你寶貴的時間和精力去了解得多麼全面、多麼深入，但是茫然無知也並不可取。有很多東西，你只要略知一、二，就足以讓你在與他人的交往中多一點樂趣，也多了一份成功的機會。

Chapter 3. 進取有道

——女人交朋友和發展事業的兩件法寶

女人總是和時尚緊密聯繫在一起的，美女更是時尚的具體體現。以時尚的觀念和前衛的思想為例，它們既是解放女人，讓女人獲得更大自由，感到更多快樂和刺激的理由，也是女人最容易受到傷害的原因。

新舊觀念，先進與保守的思想，是女人在社會上交朋結友、發展自己的事業的兩件法寶。一個思想保守，觀念陳舊，沒有朝氣，缺乏熱情和活力的人，是沒有前途，沒有市場，很難找到志同道合的朋友。先鋒時髦的觀念，是女人拓寬社交面、積極進取、進攻的有效武器。然而保守觀念，近乎封建禮教的思想，也是女人保護自己，免受傷害的最好盾牌。

如果一個女孩只有新觀念，完全拋棄舊觀念，她就失去了迴旋的餘地，最終會成為前衛觀念的陪葬品。女孩們可以用新觀念來拓寬自己的交往範圍，同時也要用傳統觀念來維護自己的權益。尤其是遇到那些不願與其深交的人時，你完全可以以學習、工作、父母之命等原因，將對方拒之門外。

同樣，即使你有了心上人，想一生一世共同走下去，為了不放縱他，為了在你們的結合中更好地體現你的意志、你的願望，你同樣可以利用傳統觀念來保護自己，甚至把父母的保守思想作為擋箭牌來堅持自己的觀點。不能用現代思想武裝自己的女人，是愚昧的女人，不能用傳統的觀念保護自己的女人，是不明智的女人。

一個人的智商在20歲左右的時候，就能到達巔峰狀態，以後的歲月中如果不進行專門針對發展智慧的訓練，智商的發展便停止了，甚至會出現衰退。在這之後，學習的意義就不再是為了促進智力的發展，而是知識面的擴大和經驗的積累，女人的這一點表現得更為突出。在這個思想觀念氾濫的時代，女孩們千萬不要被那些廉價的觀念所誤導。

女人為了自己的健康，也為了自己將來的幸福，不要無視貞節觀的存在，別讓禁果成了苦果。也不要讓你將來的丈夫感覺你就像一顆別人啃過的爛蘋果。否則，他如何去珍惜你，愛護你？

現實的考量並不妨礙女人追求夢想，追求美好的愛情，相反，它會帶給你更多好的機遇來實現自己的理想。也許，在別人都不惜一切代價追逐金錢和地位時，新婚之夜他才發現你還是守身如玉，可能是這個世界上最神聖、最浪漫的事了。

Chapter 4

工作能力

——美國知名企業器重女主管的原因

美麗，常常可以讓女性在工作中遊刃有餘，左右逢源。在大多數人的眼裡，「天使面孔，魔鬼身材」，即是女性魅力，在工作中是頗具殺傷力的。可事實證明，任何成功的女人，並不是單純依靠女性魅力便獲得成功的，她們有著同男人一樣出色的職業能力。但是，如果一個女人能夠將魅力和能力結合到一起，那麼，她想不成功也難！

然而，女性魅力與職業能力，往往遭遇「二律背反」的尷尬。作為女性，假如她很有成就又美貌過人，那麼人們大多是將她的成就歸功於她的美貌；假如她很有成就可是相貌很一般，人們通常會說她「不像個女人」，或者會褒中有貶地稱她是「女強人」（指的是缺少「女人味」的女人）。一提到女性魅力，人們會非常自然地聯想到姣好的容貌、優雅的氣質；一提到職業能力，呈現在腦海裡的則是正確的決策、果斷的處事。

事實上，姣好的容貌，並不見得影響處事的果斷；優雅的氣質，也一樣能夠做出正確的決策。女性魅力與職業能力，並不是水火不容。實際上，不少職業女性，「一半是水，一半是火」，既擁有溫柔、細膩和親和力的特質，辦事又非常精明、果斷和幹練。她們憑女性特有的氣質、風采，在職場長袖善舞，打造成功事業，贏得廣泛的讚譽。

針對都市職業女性的一項調查中發現，在公司經理層中，男性占五成七，女性占四成三。也就是說，女性依靠自己的魅力和能力，在職場佔據了半壁江山。

女性與男性一樣，性別魅力和職業能力都是構成人格魅力不可替代的一部分，女性魅力有著深邃豐富的內涵。在為數眾多的傑出職業女性身上，那種把握感情的能力，表達和交際的能力，溝通和協調的能力，都是女性魅力的具體體現。看來，或許正是由於這個緣故，有人把當今時代稱為「她時代」吧！

女性魅力，能夠營造一種和諧愉快的工作氣氛。在美國，很多知名企業越來越多地器重女性管理人員。他們的看法是，現今，傑出的企業應該是剛柔相濟、陰陽互長的；而傳統的企業則因為過於偏重「陽剛」，難以突破發展的「瓶頸」。

在具有女性魅力的同時，又具有職業能力，才稱得上一個真正美麗的女人，才可能在職場中贏得掌聲、鮮花和機會。

Chapter 5. 學習化

——好萊塢明星瓊·克勞馥的追夢歷程

在競爭激烈的環境下，女人要把自己當做「蓄電池」，用電後要及時補充上，因為優雅的氣質與豐厚的知識底蘊，是分不開的。

以前在密蘇里的一所大學裡，有一個女孩經常在晚上獨自偷偷地哭泣，因為她實在太孤獨了。然而若干年後，興奮的人群如潮湧向她出現的任何地方，乃至世界上每一個角落，都有數不清的人熟悉她的面容和名字。她就是露西爾·萊休——婦孺皆知的好萊塢明星瓊·克勞馥。

很早以前，露西爾不得不在斯蒂芬女子學校的食堂裡做侍者，以此維持生計，遇到手頭緊的時候，她還得向那位守門的歐巴桑借幾毛錢作為零用，她不敢去參加任何晚會，雖然她也接到過請柬，因為她除了同學們送給她的舊衣服，就沒有什麼衣服可穿了，那時她鬱鬱寡歡，窮得連一件新衣服也買不起。

可到了後來，她的衣著是那麼時尚和漂亮，世界各地的女人們都熱烈地效仿著她，服裝商們經常請求她在公共場所穿上他們新設計的時裝，因為這樣就能立刻使他們的服裝暢銷。

她對貧困的體會是那樣深切，她體會過淪落異鄉、孤苦無助的滋味，也體會過身無分文時挨餓的痛苦，她知道從貧困中掙扎出來要承受什麼樣的艱辛。那時候她生活在奧克拉荷馬州的勞頓，和小夥伴們用一些破舊的箱子，在馬棚裡搭了一個舞臺，還點了一盞汽燈來模仿舞臺的水銀燈，此時當瓊・克勞馥學習貓步的時候，她那驚人的事業就已經開始了。

稍大一點時，她決心去接受更多的教育，於是就到密蘇里州的斯蒂芬女子學校註冊，但是她手中一分錢也沒有。於是，她穿著別人不要的舊衣服，在學校餐廳打工當侍者，也只是為了免掉食宿費用。

從小到大艱苦的生活也沒能摧毀她學習怎樣走上舞臺的激情。她向人借了點路費，回到了堪薩斯城。她不辭勞苦地工作、攢錢，也鍥而不舍地學習。多少年來，她刻苦學習各方面的知識，為了練習唱好各國的歌曲，甚至還學習研究法文、英文，並且開始減肥。她只是為了在歌唱藝術上做得更好。

現在，出身貧寒的瓊・克勞馥可以買下任何最昂貴、最精美的東西。雖然她以前並不美麗，可後來她成了銀幕上最靚麗的明星之一。其實，一切的原因都能在她鍥而不舍地不斷為自己充電中找到。

許多女人由於對工作缺乏強烈的進取心和上進心，容易滿足，再加上煩瑣的家務，她們會放棄主動學習。久而久之，因為過於依賴家庭，她們的工作能力就會相對下降，無法滿足工作的要求，職業生涯發展也進入了死胡同。她們中很多人並沒有意識到，應該不斷更新知識以彌補職場發展中的不足。

新時代的知性女性，永遠是最美麗的漂亮寶貝！

學習化，不僅是女性在新世紀的最佳生存方式，還是家庭、企業、國家在新世紀的最好生存方式。

Chapter 6. 購買魅力

——女性魅力的一個輔助指數

不知道女人們是否注意過這樣一個有趣的現象。

當你喜歡逛商場，熱中於購買服飾、化妝用品的時候，往往是渴望和需求美麗的時期，比如熱戀、結婚、更換工作時，比如對事業和生活充滿進取心時。在這些時期你會渾身充滿活力，有神采，有上揚的整體魅力。

當你少了或沒有了為美去逛商場的興趣時，你的心境往往是低落的，如：失戀、離異、工作受挫、為年齡歎息……這時女人往往會失去光彩，膚色逐漸灰暗，頭髮開始乾枯零亂，服飾也透出一股懶散和陳腐的氣息。

女人熱愛商場的指數，可以看做是女性魅力的一個輔助指數，雖然這個指數並不準確，但是沒有找尋和購買魅力元素動機的女人，絕不會是個魅力女人。

女人要熱愛商場，要持續培養和保持對商場的熱度和感情。你熱愛和常去的商場應該有兩個大類。一類是超出你消費能力的高檔百貨公司名牌店，這些店能幫助你提升品位，感受到更充分的時尚氣息，刺激你提升魅力的激情和進取心。另一類是符合你消費能力的商場。

適合你的服飾往往是逛出來的。每個月你都應該安排逛商場的時間，每次並不一定有買東西的目的，不過要有買的動機，邊逛邊搜索適合自己的東西。

概念店這個詞兒最早就是出現在時裝領域，是指那些專門出售創意設計、擁有創意購物環境的商店。現在，很多領域都在用它，如化妝品、家具，等等。

真正的概念店追求的是一種充滿設計感的混合時尚風格，比如在巴黎、米蘭、東京都有非常好的概念店，它們將畫廊、攝影藝術館、書店、咖啡館，以及時裝和奢侈品專賣店整合在一起，風格前衛，概念獨特，讓你的心情在不知不覺中進入興奮狀態。

與傳統的百貨商場相比，逛概念店更能感受到文化與藝術的氛圍，當然也更有意想不到的樂趣。

Chapter 7. 女人不是弱者

——一個聰明女人用雙手改變現狀的典範

28歲的布魯克結婚才剛剛兩年。她本來以為找個好人家把自己嫁出去，往後的生活會圍繞著丈夫與孩子團團轉，一輩子也就這樣了。但是，當她真的成家以後，卻經常感到很迷茫，覺得渾身不自在。

讓她感到糟糕的是，她的丈夫不思進取，每天下班回家後就是打牌、泡酒吧，這讓她打心眼裡嫌棄丈夫的無能和窩囊，再加上家裡的經濟條件並不十分寬裕，因此她很不開心，時常咳聲歎氣。

有一次，她去好友家裡做客，訴說心裡的煩惱，埋怨自己嫁錯了人。好友善意地提醒她：「如果你總想著讓老公多賺外快，增加收入，那麼你恐怕很難感到快樂。既然你自己有理想、有能力，為什麼不乾脆自己創業或者努力工作呢？」

布魯克仔細一想，覺得好友的話十分在理，於是她開始留意身邊的各種機會。半個月後，鄰居準備轉讓一家餐館，她就動了心思，打算把餐館接過來。當時，丈夫和婆婆都不同意，覺得她一個女人能成就什麼事？再說，她也缺乏經營經驗，而且事情太繁雜，怕她忙不過來。但布魯克堅持接了下來。

為了讓這家餐館順利營業，也是為了爭一口氣，她先請了一位手藝高超的大師傅，自己就在旁邊認真學習，仔細揣摩。一年之後，她就可以親自掌勺了。由於她認真負責，餐館的四川風味又很地道，馬上就吸引了大批顧客，她的生意紅紅火火。

尤其讓她感到高興的是，因為她打開了自己人生的新局面，丈夫也不再遊手好閒，時常來幫她招待客人，管理餐館的大小事務。丈夫在工作中也開始奮發向上。丈夫常感激她，說她讓他自己確立了人生方向，就像周華健唱的那首歌——「若不是因為你，我依然在風雨裡飄來蕩去，我早已經放棄……」

如今的他們，在生活中能夠互相交流自己的想法和意見，感情也比從前更加融洽了。很多女人，特別是三十歲左右的已婚女性，工作上到了一個瓶頸階段，在生活中，又和丈夫沒有了以往談戀愛時的激情，因此很容易感到迷茫。她們可能認為自己屬於家庭，除此之外沒有想過別的什麼，也不知道自己還想要什麼？

就像布魯克一樣，原本打算做一個躲在丈夫身後的小女人，讓丈夫為她遮風擋雨，但是丈夫並不能為她解決所有的問題。當丈夫不能依賴時，她只好依賴自己，創業、經營、擴大規模，她的事業辦得有聲有色，不僅自己成功了，還改變了丈夫的一些不良習慣，讓丈夫積極上進。

這就是一個聰明女人不甘於現狀，用自己的能力改變現狀的典範。布魯克依靠自己的努力和打拼，改善了家裡的經濟狀況，心情比以前更加舒暢，她感到自己獲得了真正的幸福。

女人既需要聰明才智，也需要從工作和事業中發現並找到自我。發揮個人獨特的才幹和能力，可以給女人帶來非比尋常的精彩閱歷，也會讓女人實現並了解自身的價值和潛力。相比男人，女人同樣能夠憑藉自身的智慧和手段，讓自己和家人過上幸福快樂的生活。

Chapter 8.

心態關鍵點

——兩位老太太在七十大壽發表的生命誓言

最快樂的女人並不認為一切東西都是最好的，而是滿足於自己已有的一切；最幸福的女人並不認為生命都是一帆風順的，而是用積極的心態對待生活。其實，決定一個女人命運的關鍵，就是心態。

人生並非只是一種無奈，而是可以由自身主觀努力去把握和調控的，心態就是調控人生的控制塔。女人有什麼樣的心態，就會有什麼樣的生活和命運。

有一個名叫克魯絲的老太太，她的朋友和鄰居邁克夫人和她是同齡人。她們在共同慶祝七十大壽時，邁克夫人認為人活六十古來稀，自己已年屆七十，是該去見上帝的年齡了。因此她決定坐在家裡，足不出戶、頤養天年。她為自己做壽衣、選墓地、安排後事。而克魯絲則認為：一個人能否做什麼事，不在年齡的大小，而在於自己的想法。於是她開始學習爬山，其中有幾座還是世界上有名的高山。後來，她九十五歲高齡時登上了日本的富士山，打破了攀登此山年齡最高的紀錄。

同樣是接受到七十歲生日這個資訊的刺激，邁克夫人的心理反應趨向是消極的。她採取了足不出戶，安排後事的行動，結果在好多年前就去見上帝了。而克魯絲的反應則是積極向上的心態，她採取了學習爬山的行動，結果創造了一項金氏世界紀錄。

所以說：女人的心態與命運相連，不要讓消極的念頭佔據你的思想，女人什麼時候都應該保持積極向上的心態。

心理專家威廉・詹姆斯說：「播下一種心態，收穫一種思想；播下一種思想，收穫一種行為；播下一種行為，收穫一種習慣；播下一種習慣，收穫一種性格；播下一種性格，收穫一種命運。」

這段話濃縮成一句話，就是——心態決定命運。

女人的命運在自己手裡，因為女人掌握著自己的心態。

無論一個女人多麼的有能力，如果缺乏好的心態，就什麼事都做不成。良好心態的能量是巨大的，也是動力產生的源泉。有了它，女人就能把握住自己的命運，實現人生的理想，在人生的道路上勇往直前。

聰明的女人不會只讓自己看起來美麗，還會培養出自己良好的心態，主宰自己的人生。當女人有了良好的心態，就能享受生活賦予的幸福，能夠承受生活的種種壓力，並有勇氣挑戰各種困難和挫折。

Chapter 9.

善待智慧

——把聰明用在最需要的地方

一個有智慧的女人，知道自己該把聰明用在什麼地方，而不是處處耍小聰明。抓住主要矛盾，把自己的聰明才智用對地方，這些都是生活經驗的體會與總結，也是女人在處世、生活、工作中，應該遵循的指導原則。

國外旅遊回來後，蘇珊娜發現積蓄不多了。她很苦惱，「存款簿上的錢已經所剩無幾，再繳上三個月的房租，剩下這幾個星期我就只能天天吃泡麵了。」說來說去，就怪單位的薪水太低。既然這樣，她就學學別人「開源」的辦法——做兼職。

蘇珊娜是一名普通的公職人員，在單位的工作時間很固定，壓力並不大，因此她有很多業餘時間，精力也顧得過來。兩週後，在一位朋友的介紹下，她找了一份文字和資料登錄的兼職。每天下班後，她就急匆匆地回家幹活，弄完了再直接給別人發過去。

然而，這份工作的報酬並不是很高，依然不能滿足她的日常開銷。於是，為了多掙點零花錢，她又陸續找了兩份兼職：一份是在大賣場裡做促銷小姐；另一份是在西餐廳當服務員。

到了白天上班時，她總是覺得頭昏腦脹，精神不集中，有時候甚至忘記了上司交代的事情。而且，為了按時交活，她不得不利用上班時間趕稿件，把手頭工作一拖再拖。天長日久，她的這種工作表現被老闆看在眼裡。最近，正趕上裁員高峰期，她就被理所當然地炒掉了。

我們每個人都會遇到各種各樣的問題，小到日常生活中的衣食住行，大到就業擇業、進修深造、談婚論嫁。那麼，女性應該如何運用自己的智慧，謹慎從事，從而做出重大的抉擇呢？

對於日常生活中極其普通的事情，比如在市場買菜為了幾塊錢討價還價，上班前絞盡腦汁地梳妝打扮，等公車時使出渾身解數去插隊，在路上跟陌生人發生衝突就開始唇槍舌劍……這些雞毛蒜皮的小事，不僅浪費了自己的精力，而且自己還不一定獲利，更糟糕的是給人留下一個很不好的印象。因此，生活中的一些蠅頭小利的事情，不要那麼斤斤計較，完全可以一笑置之，然後拋諸腦後。

如果女人過分地在意某些小事，甚至是微不足道的瑣事，就可能習慣於只顧眼前利益而忘記大事，在機遇面前也會習慣性地過分計較個人得失，而不懂得考慮長遠利益。要知道，在你的一生中，工作事業的決策、人生伴侶的選擇、幸福家庭的維持，這些需要智慧的地方，才是應該多動腦，勤思考的。

Chapter

10.

隱瞞年齡

——為什麼不少女演員顯得比實際年齡年輕

哈佛心理學家愛琳蘭格，曾經做過一個實驗，召集一些七、八十歲的老人，讓他們穿上年輕人的衣服，用年輕人的行為和思維方式來生活。五天之後，他們身體狀況已有明顯年輕化的改變。

意識和思維是一種神奇的力量，女人可以借助這種力量來改變自己。設定新年齡是一種神奇的方法。你可以設定一個比實際年齡小3～5歲的新年齡，用新年齡的生活方式和思維習慣開始新生活，你還要想像真的年輕了3～5歲。幾個月後，你的身體和心理狀態會產生明顯的變化，時間越長這種變化會越明顯。

這期間，你要在家裡的鏡子、梳粧檯、廚房餐桌上貼上一些便條，甚至畫一些有趣的卡通漫畫，每天3～5次提示自己，並讀出：「我年輕了！」或「我好快樂！」以及「我有更多活力了。」

你還要在適當的場合配合一些年輕化，甚至孩子般的動作，調動內心的快樂和歡愉感。增加微笑或大笑的頻率也是很有效的配合。人在嬰兒時期，笑的頻率很高，每日以千次計算，年齡越大頻率越低。年老時，特別是性情封閉的人，肌肉木訥呆板，幾乎不再會笑。會不會笑是判定衰老的一個直接標識。因此，你可以有意識地提高笑的頻率，有效地提高年輕度和生命活力。

通常，正向思維的人比負向思維的人，平均壽命要多7年以上，容貌的年輕感也有明顯的差別。消極和心胸狹隘的人顯老，特別是老年，多是老氣橫秋、肌肉凝固、臉色晦暗、皺紋叢生。

思想明確，有辨別和決策能力的人，通常有年輕化和神閒氣定的氣質魅力。人想要的目標和得到的結果息息相關，如果目標不明確，結果會是亂七八糟的。目標明確時，人不大會有雜念，會盡力去創造，也能獲得和目標最一致的結果。

有不少女演員常常隱瞞自己的年齡，這是一種有效而有益的好方法。隱瞞真實的年齡，就會在行為、穿著、外觀等方面符合這個新年齡，自然而然會習慣這個年齡的狀態，也會更接近這個年齡。所以不少女演員看上去比實際年齡顯得年輕，隱瞞是有功勞的。

年齡隱瞞一段時間後，有時真的會使你忘記了真實的年齡，不僅會越來越像這個年齡，甚至還會比隱瞞後的新年齡更為年輕。

Chapter 11.

選擇的理由

——總統夫人和丈夫生活在一起的理由

有誰不想讓自己的人生變得多姿多彩呢？但是，大部分人除了抱怨條件、外貌、學歷，甚至憤世嫉俗之外，還為此做過什麼呢？其實從根本來講，問題還是出在選擇上，是瀟灑走一回，還是抱怨終生？這就要求你進行選擇和如何對待選擇，最重要的一點是你為選擇付出了多大努力，你將來改變的程度就有多大。

美國前總統夫人芭芭拉·布希在一次採訪中說：「我和丈夫生活在一起的理由是，他是一個可以陪我笑的男人。坐在沙發上看電視的時候，他和我一起笑；吃飯的時候，他和我一起笑；旅行的時候，他也可以和我一起笑。」

你的丈夫也應該是陪你一起笑的男人。想一想吧，當你的家人和他的家人聚在一起的時候，他可以輕鬆地陪著我一起笑；逛街和旅行的時候，他也可以快樂地陪著我一起笑……你想要遇到的就應該是這樣的男人。

結婚對每個男人女人來說，都是人生的一件大事，特別是女人，不可避免地要考慮對方的條件。如果丈夫只是長得帥氣，可是連一分錢都賺不到的話，又有哪個女人會愛他一輩子呢？

有這樣一句話：「有過去的男人可以原諒，可是沒有未來的男人卻無法容忍。」不過，話又說回來，如果光考慮金錢，不顧及內心的需要，那也同樣是不會幸福的。

如今，隨著世界的變化，以及女性社會地位的不斷上升，她們在挑選對象的時候，一般都會選擇那些比自己條件好的男人。大家一致認為，如果對男方的條件滿意的話，婚後的女人會比較容易成為賢妻良母。

但是，要想遇到一個好男人，女人就必須先提高自己的價值。只有先確立了自己的價值與競爭力，才有機會獲得優秀男人的垂愛，婚後的生活才會更加幸福美滿。試想：有一個白馬王子此刻站到你面前，而你卻只是一個毫無魅力的平凡女子，那王子又有什麼理由選擇你呢？

一個沒有能力的女人想要提高自身價值，就只能費盡心思找一個有能力的男人；而一個有能力的女人，卻可以毫不費力地在一群有能力的男人中間進行選擇。女性可以選擇結婚對象，這在以前是根本不可能的，而現在這樣的女性卻真實地出現在我們的身邊，這真是一件美妙的事情啊！

Part 7

提升品位

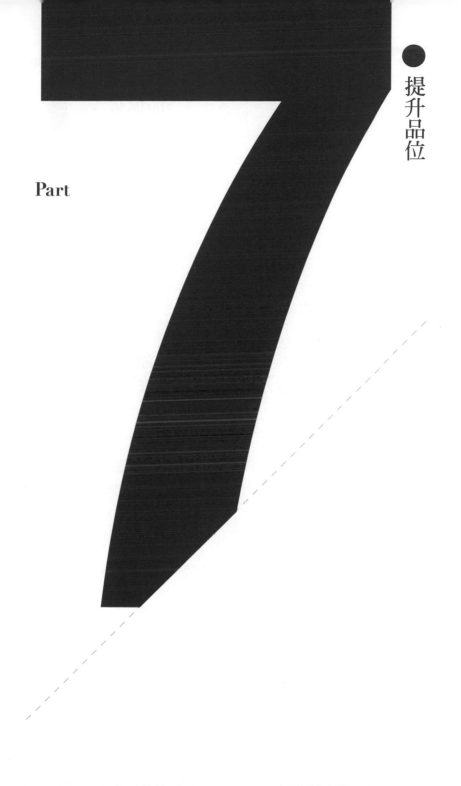

Chapter 1.

品位女人

——女人永遠美麗的法寶

女人擁有了品位，便獲得了感染、影響他人的人格力量。品位女人的言談舉止給人一種如沐春風、如飲甘泉的感覺。

品位和魅力是女人永遠美麗的法寶。

品位是一個女人的含金量，是由外在的漂亮上升到內在美的必要條件，一個沒有品位的女人，可以漂亮但絕不會美麗。品位是生命中令人炫目的花朵，綻開在自信人生的枝頭，隨四季輪迴，花開不敗，香襲魂魄。

品位美看似無形，實為有形。它是通過一個人對待生活的態度、個性特徵、言語行為等表現出來的。

女人不是因為漂亮而美麗，而是因為美麗才漂亮。這種美是外在的形美與內在的秀美的結合。有品位的女人是最具魅力的，即便是美人遲暮，那種韻味依然猶存，讓人一眼就能看出那份恬淡，和舒卷的自在。

有品位的女人是豁達而隨和的。既能全心融入熱鬧的氛圍，又能點燃獨處的日子。

有品位的女人是內斂而穩重的。不咄咄逼人，讓別人喪失信心；不大喜大悲，深切懂得人情世故、世態炎涼，她懂得怎樣生活才能值得珍重。

有品位的女人是溫柔而天真的。她會給愛人以溫柔，一杯浪漫的紅酒或一個會心的微笑。她的天真恰如其分，讓你憐惜，給你驚喜，自然中透露著楚楚動人。

有品位的女人是充實而知性的。久經翰墨的薰陶，深蘊著一種靈性與嫺靜。她能夠在欣賞作者靈魂樂章的同時，讀懂另外一個靈魂的高貴。那種沁骨的書香，讓她生活單純而逸然，但不缺乏詩意。

有品位的女人心境清明，莊重典雅。那麼，如何才算是一個有品位的女人呢？

有品位的女人懂得生活。煩惱、焦慮、失望……總是悄無聲息地從潘朵拉的盒子裡跑出來，伺機侵佔我們愜意的心。有品位的女人會先把它們塵封。詩意地生活，是她恪守的準則。

有品位的女人打理起生活來井然有序，又別有情趣。如果時間允許，會做一頓豐盛的晚餐。在她看來，細心品味的不只是菜餚，還有心情——吃飯不再是件簡單的事情。

有品位的女人時刻讓心情保持溫潤柔和。靜夜睡前，讀一段雋永小品或聆聽一段音樂，又或者只是冥想。望窗外明月，任思緒在時空飛舞，讓自己活在童話的幻想世界。

Chapter 2.

魅力可以創造

——讓女人魅力四射的七個祕訣

現實生活中，如何提高自己的品位，讓自己魅力四射呢？告訴你七個祕訣：

1．清新爽潔自己的臉　一張美麗的臉，最最要緊的是清新爽潔。這方面應該注意的是，不要用臉盆洗臉，因為洗掉的污垢有可能再回到臉上，這樣就不會清洗徹底。你應用溫水洗臉，保持水龍頭開著，早晚兩次必不可少。

2．試著走近文學藝術　在床頭擱本喜歡的畫冊、書籍等，晚上打開檯燈在若有若無的輕音樂聲中翻閱，既可以讓人平和寧靜，又可以讓你深感貧乏的知識教養有所提高。假日裡，去美術館、音樂廳感覺藝術氣息，拉近自己和藝術的距離，試著讓自己成為一個充滿藝術氣質的人。

3．掌握流行品位　生活的各個方面都存在著流行，髮型、飲料、音樂，你不應拒絕流行，但也不要盲目跟隨潮流，被流行迷失自己，要懂得利用餘暇充分享受流行的樂趣，懂得讓自己與流行保持距離，使自己能夠隨心所欲地掌握流行。流行可以開拓生活領域，在流行中會讓人生活得更加愉快。通過看電影、電視，通過和朋友交流，通過閱讀雜誌，通過畫展，通過博覽會，甚至通過逛街了解流行、感受流行，又憑自己的喜歡選擇流行，這樣才會使你保持既現代又古典的魅力，才會讓你自己始終保持好奇心。

4．擁有專長　不管研究文學、外語還是美容、料理？只要是自己喜歡的東西都可以盡情嘗試，若是能在學習以外擁有一項得意專長，不僅可令朋友羨慕，更能令你閃閃發光。

5．優雅的儀態　同樣坐或立，有人顯得平淡無神，而有人就傳遞出一種清新的氣息，讓人看著舒服。正確的坐姿應緊縮小腹，放鬆肌肉，輕輕舒緩肌肉，讓它在全然輕盈的狀態之中呈現出最好的效果。正確的站姿是：胸部擴張，背脊伸直、下巴收縮、收小腰、雙腿內側使力，腳後跟併攏，膝蓋打直，肩膀自然下垂，不需要使力。這樣人看上去才會覺得挺拔、優雅。

6．給自己做一個合適的髮型　要想使自己更具魅力，應根據不同的情況，如運動或看電影，簡略地利用一些小技巧改變髮型的風格，例如，改變頭髮飾品，或用絲巾包結或別個小髮夾讓它與服裝結合起來更合宜、更協調，人便也生動許多，並且還時常能讓人驚喜。這種技巧倒不是很難，重要的是細心、用心，想得到就學得到、做得到。

7．心中有舊衣　一個有品位的女人之所以能嫵媚迷人，除了氣質、禮儀，她的服飾也是很重要很精彩的部分。實際她並不花費很多的錢用於購衣，但買衣時總是想到家中的幾件衣衫怎樣搭配？是否協調？這樣購衣便不會衝動與盲目，也不會衣櫥中亂糟糟，出門總是「缺一件」。無論流行什麼風格，有魅力的女性總是看重傳統的揚長避短論，專選能烘托體型、烘托氣質的那一種。

Chapter 3.

寵愛自己

——懂得消費金錢是一種自我解放的標誌

女人愛花錢，但只有極少數的女人敢於大膽給自己花錢。從一個女人逛街購買的物品中，便能夠看出這個女人對自己的愛有多少？女人用購物的方式成全了自己花錢的欲望，但值錢的物品全是買給身邊這個男人的……

男人說：女人是種自私而且自戀的動物，永遠把自己擺在第一位。

女人說：我們其實無私得很，卻得不到理解，鬱卒！

大多數男人都不了解他們身邊的女人，雖然這個女人有可能是自己同床共枕的妻子。不想特意描畫女人的偉大無私，但確實有太多女人永遠會把老公擺在自己的前面。

常常見到一些女人，在買了自己心愛的物品之後，會心疼，當然也是開心地心疼，她會說：「又花錢了，其實也可以不買的。我決定這個月不再去吃鼎泰豐了。」

這是個賢惠的女人，也是個傻女人。她給自己的愛是有額度的，一旦超支，必定要趕緊儉省，否則良心不安。但如果是為老公添了新裝，即便花再多的錢也會覺得心安理得，因為她對男人的愛是無額度，無指標的。

對於一個女人而言，懂得消費金錢，也是一種自我解放的標誌。沒有女人不愛奢侈品，瘋狂購物是一種極好的減壓方式。辛苦掙來的錢大把大把撒出去，換回一堆外人眼中毫不實用的礙眼「擺設」，那種感覺簡直——妙不可言！

喜歡花錢的女人很多，捨得花錢的女人很少，捨得無所顧忌地給自己花錢的女人，更是少之又少。對自己大方的女人一定比對自己摳門的女人過得舒服。女人，都渴望有個寵愛自己的男人，等他來安慰自己柔弱的心，但是，沒幾個女人想得到，自己要靠自己來寵愛！

做女人，要懂得用錢來寵愛自己！

Chapter 4.

內在價值

——高級貨和便宜貨由什麼決定的

要想讓別人對你另眼相看，就必須提高自己的內在價值。

在一家人頭攢動的酒吧裡，四周一片昏暗，只有一束燈光照射在舞臺上跳舞的女郎身上。她上身是緊身衣，下身是超短裙，長髮如波浪般飛舞，顯得性感妖媚。如果大家知道她其實是一所知名大學的學生的話，我想她在人們眼中的形象必定會產生巨大的變化，不僅不覺得她是放浪的女子，還會認為她多才多藝。

再比如說，如果你在咖啡吧裡看見一位長相清純的女子，優雅地喝著咖啡，你一定會認為她是一位非常迷人的女孩，可是如果你知道她其實只是一位應召女郎正在等客人。那麼，她在你心中的形象，也必定會產生一百八十度的轉變。

同理，我們來看一看名牌又會產生怎樣的效應呢？如果一個尼龍包上面沒有貼著「Prada」的商標，誰會認為那是一個高級名牌包呢？如果貼上了「Prada」這個代表著名牌的商標，那麼，情況就大不相同了，即使標籤上的價格是普通包的幾十倍，也會供不應求。

總的來說，無論是人還是物，所謂的「高級貨」和「便宜貨」，歸根結柢都是由其內在價值決定的。當人們注意到一個人的時候，往往會被那個人的身分、所處的位置和環境等外在條件所影響，然後，才根據自己的分析憑空臆想出那個人的形象，這也就是我為什麼會在幾分鐘前後對同一個女人產生不同看法的原因。

對女人來說，最不幸的事情莫過於被當做「便宜貨」了。

但是，要想讓別人對我們另眼相看，就必須提高我們的內在價值。讓我們一起努力，成為人人羨慕、一舉手一投足之間，都能散發出高雅品位的淑女吧！

我們都是一家名為「我」的企業的董事長。想要在現在的商界中生存下去，最重要的事情就是——成為「我」這個品牌的總負責人。

Chapter 5. 規範工作服

——如何穿出職業套裝的品位

優雅、端莊、素麗的職業套裝，是永恆的經典，因為它更能充分發揮女性淑女的魅力，恰到好處的裙式服裝能夠充分展現女性的品位。

你的形象代表著一個公司、一個組織的形象，你的最佳選擇是簡潔、大方、純淨、素雅的風格。女性套裙以其嚴整的形式，多樣卻不雜亂的色彩，新穎卻不怪異的款式，成為了女性朋友們最有品位最規範的工作服。

套裙有兩件套和三件套之分，包括上裝和下裝。套裙的上裝主要以西服式樣居多，也有圓領、V字領等式樣。上裝，也叫上衣，它的長度也比較靈活，既可短至腰際，也可長及臀部以下；下裝是長短不同的各式樣裙子。套裝的整體沒有多少變化，但套裝上衣的衣領、袖口、衣襟、衣襬、袋蓋，下裝的開衩口、收邊位置等都必須考慮在內，這就能充分顯示女性的細緻周到之處，而且別人也能從這些細節處看出你的個人風格。

職業套裙的選擇既不能像時裝一樣趕潮流，又不能顯得庸俗乏味，不然，就體現不出女性柔美、嫵媚、優雅、輕盈的特質。因此，要特別注重套裙的色彩和款式的搭配，才能突出你著裝的品位。

在所有適合於商界女士在正式場合所穿著的裙式服裝之中，套裙是其中最佳的選擇，套裙就是商界的職業女裝的代表。

女式西裝，最早是由男式西裝演化而來。前者只不過是後者的一個改良後適合女士穿著的「變種」。之所以有這樣的一種「蛻變」，是因為一旦將瀟灑、剛健的西裝上衣與柔美、雅致的富有女性化服裝的裙子，組合到一起，兩者便產生了巨大的效果：剛柔相濟、相得益彰、大放異彩，套裙也就因此應運而生了。

在日常生活中，將職業套裙穿在任何一位商界女士的身上，都無一例外地會使之變得容光煥發、神采奕奕。它不僅使得著裝者看起來精明、幹練、成熟、灑脫，更能烘托出白領麗人們，所具有的獨特風韻：優雅、賢淑、嫵媚。

一位身著得體合宜套裙的職業麗人，給人一種強烈的品位感：她是那樣的與眾不同。從她的服裝中，你還可以看出她嚴謹的工作態度與溫婉的女性美。

無論如何，不容置疑的是：在塑造商界女士的職業形象品味上，套裙可立下了大功。迄今為止，就「包裝」商界女士而言，還未找到其他任何一種女裝，能夠與典雅的套裙相媲美。

Chapter 6. 露美不露怯

——怎麼露才能體現出女人的品位與修養

如果你挽著男友或丈夫的手在大街上閒逛的時候，發現他的眼睛開始不老實了，不要急著和他鬧，也不要怪那些穿著清涼的嬌媚女人勾引你的他。如果你不想讓他把眼睛都盯在其他女人身上，不妨學著聰明一點，讓自己也變身衣著清涼的嬌媚女人，給他一個驚喜吧！

衣服暴露，並不代表女人的品位不高或者自甘墮落。如果你去酒會或者舞會，穿上了一件保守的職業套裝，一定會令人大跌眼鏡。有些時候，適當的露一點，再透一點，便是最迷人的風情，聰明女人那醉人的嫵媚、撩人的性感、美麗的誘惑，有哪個男人能抵擋得了呢？

短些，短些，再短些——但是露美不可露怯：在泳池著泳裝天經地義，但若是穿著泳裝招搖過市，處境也許比西裝革履地在泳池邊漫步，還要尷尬。

露並不是每一個女人都可以隨意而為的，露需要講究年齡和體型。中老年女士以及太胖、太瘦的女士，是不適合盲目跟風的。露最重要、也最難把握的是一個度，當露成為一種流行時尚的時候，很多女人犯的最大錯誤就是把握不好這個度。

有心理學家曾對眾多的強姦犯做過調查研究，很多案犯的做案動機，是由於看到受害人的衣著過於暴露，才引發了他們的衝動，以致做出了傷害女性的醜事。

露多少才算是恰到好處呢？

露的尺度並不是別人決定的，而是由女人各不相同的身體條件決定的。如果腿太短、太粗、太細，甚至蘿蔔腿，就不要穿短褲、短裙；肩部太寬、太厚，或者背部皮膚不好的，就別穿露背的衣服。低胸裝是露多露少一項很關鍵的評判標準，可要沒個健美的胸部，最好還是不露的好。胸部平坦的女性，絕不要把領口開得很低，藏拙有時是非常必要的。

越露越多，從某種程度上反映了人們觀念的轉變。你需要關心的不僅是如何「露」得恰到好處，更要關心「怎麼露」才能體現出女人的品位與恰如其分的張揚？

經常會聽到一些不如意的女人牢騷滿腹——自己一個人挖坑埋土澆水施肥終於培養了一個優秀的男人，開花結果的時候卻冒出其他女人一起分享。好女人呀，放棄對那個曾經愛得死去活來的男人生出的無窮怨恨吧！

從自身找找原因：老公為什麼會被她們所迷惑？也許，這不僅僅是由於男人缺乏責任心或抵抗誘惑的能力，還因為她們露得聰明和嫵媚。

Chapter 7. 手的魅力

——女人心理變化的重要信號

再談談女人的手，每個女人的手都有獨自的特點，手留有女人身世、性格和閱歷的痕跡。

人與人最初交往時，總是從問好和握手開始。人在第一次握手時開始感覺到對方。在兩人握手的短短一瞬間，雙方的了解和感知有了30％以上，可能不少女人沒有在意這個細節，不知道這次身體接觸，對方對她有了更深入的了解。女人的手是粗糙，是柔軟，或乾澀，或帶一點點溫暖的溫柔，都會影響對方的第一感覺和印象。

一位化妝品的銷售主管說，她在招聘員工時，不僅要看五官、膚質、身高，還會特別在意應聘者的雙手。因為在為顧客拿取或試用產品時，一雙細膩光潔、修長流暢的手給顧客留下的好感，是出乎意料的。

女人的手指和手腕是有表情的、是會暴露年齡的。

一位熱中社交聚會的朋友說：「女人的手真的很重要。自從發現我的手逐漸變皺時，我就不太願意參加聚會了。看到自己端著香檳酒杯的手不再細膩、溫潤，就不大願意伸出去了。」

女人的手，不僅要在意形態、質感、動作，還要在意表情。

女人感性的手是性感的，女人賦予了手感性，才能打動人，才會有性感。手的細軟程度代表感性程度，女人給予了手多少生命，便能給到他人多少打動。

都說十指連心，女人的心賦予的優雅、細膩、溫情、果敢都會留在手的細節上。有個男人說，他見過最好看的女孩的手，好看得長短、形態、白淨、柔軟無可挑剔，但那女孩沒有情趣，手也沒了生氣，沒有了情趣。

手是女人心情的符號，手的細微變化是女人心理變化的信號。手靜止時，表露著女人的心境常態；當興奮或變動時，手的動作會表現出內心起伏的動態。

女人的手應該是細嫩、白皙，略帶骨感的，精妙輕靈，無論放在哪裡，都可以為此處帶來生氣。

女人的手，需要時時呵護與修飾並巧妙地運用。

Chapter 8. 愛上化妝
——美容專家關於選擇化妝品的兩個環節

對於一般的消費者，確實一時很難在成千上萬的化妝品海洋中，選擇出最適合自己的化妝品。依照一些美容專家的經驗，只要把握好兩個環節，就是選好品牌和種類。

選好品牌，是根據自己的消費能力選擇相應檔位的名牌產品，注意要選名牌，即大的廠牌。

名牌並不一定十全十美，但名牌產品會在品質上有基本保障。通常同一檔位的化妝品品質差異不大，產品的價格給了消費者檔位劃分的依據。

選擇好相應檔位的知名品牌後，再通過試用的辦法在同類品牌的產品中，找到適合自己膚質的產品。

每個女人對品牌經過一段時間的選擇和使用，都會有所偏愛。一項研究調查顯示，更多的女人比較偏愛資生堂、香奈兒、迪奧、蘭蔻、雅詩蘭黛，特別是資生堂。資生堂的品質的確是一流的。

第二個環節是選擇化妝品種類。品牌確定之後，你還要考慮，我要選擇什麼種類的化妝品。目前化妝品的種類非常的多，為了方便起見，這裡有一個簡便的護膚化妝品三級選擇方法，級別的劃分是依據皮膚保養的量級和程度來確定的，你可以根據自己的消費能力、膚質狀況，以及年齡段選擇相應的級別。

一級護膚用品：是選擇護膚品最基礎的一個級別。這個級別應有三類產品：清潔品、防曬霜、面霜，其中防曬品是不能少的護膚用品。

二級護膚用品：有清潔品、深層清潔品、化妝水、眼霜、日霜、晚霜、防曬霜，在這一級中增加了深層清潔、眼部用品，以及面部護理用品，使護理更加深入和有針對性。

三級護膚用品：除了一、二級化妝品之外，需增加面膜、功效性化妝品（具有美白、祛斑、除皺、抗敏、緊膚、去痘、抗老化、修復皮膚損傷、抗輻射等功效）。這一級別的護膚品較為完整，也比較複雜和難以掌握，需要消費者充分學習和掌握相關的知識，做一個專家型消費者。

女人應該愛上化妝品，愛化妝品的女人是有夢想的女人，有夢想的女人才會在生活中有美好的機緣。

不過，化妝的女人要特別注意卸妝，必須徹底清潔無垢，讓你的肌膚有充分呼吸的餘地。

Chapter 9. 捲髮的女人

——完美捲髮應該具有的幾個標準

捲髮的女人更有女人味。捲髮的女人比起清湯掛麵式的直髮更富有想像空間。這是大多數人的看法，尤其是男人。

大多女人都愛捲髮。垂蕩在肩頭脖頸間大大小小錯落的髮捲，表達女人豐富而細膩的情懷，浪漫、風情、性感、俏皮、嫵媚……女人想要塑造的任何一種類型的女人味，都可以用不同的漩渦來表現。

燙捲髮的種類很多，名日也很複雜，什麼螺旋燙、喇叭燙、菱形燙、陶瓷燙等等，讓人難以選擇。其實，從燙髮原理上來說，燙捲髮不外乎分為冷燙和熱燙兩種。傳統的冷燙是通過還原和塑造二硫化物鍵，使頭髮達到捲曲的效果。因此，冷燙後的頭髮，濕的時候比較捲，乾了以後捲度就會差一些，這種捲髮需要在頭髮半乾時用髮品定型。熱燙過的頭髮，乾的時候反而會比濕的時候捲一些，現在髮廊裡常見的陶瓷燙和數碼燙都屬於熱燙。

冷燙和熱燙各有所長。冷燙的變化多一些，髮型師可以通過不同的捲槓和排捲方式設計捲髮的捲度和形狀，而熱燙後的頭髮有光澤，彈性強，還可以不使用任何造型產品，自然乾後捲度就能成型。因此，每個人可以根據自己的需求和喜好，來選擇冷燙或者熱燙。

東方人的髮質大多是天然直髮，燙髮的過程是通過藥物打開毛髮細胞，再通過藥物和溫度強迫定型做出捲曲的效果來。可以說，任何一種燙髮的方法對頭髮都會有不同程度的傷害。所以，燙後如何養護就成了嫵媚造型能否維持的關鍵。

完美的捲髮應該具有幾個標準：髮質健康營養，沒有纏結；捲度充滿活力，柔軟順滑；富有閃亮光澤，輪廓優美。

為了使頭髮的捲度保持得更長久，建議最好用手代替梳子梳理頭髮。因為密而規則的梳子，容易將頭髮梳直、梳斷，而用手打理，頭髮就相對有彈性得多。如果能配合使用專業的酸性的燙後洗護產品就更好了，既可以修護髮質，又能使髮質更柔順。

定期進行倒膜護理，可以補充燙髮後頭髮流失的蛋白質。頭髮想要有光澤、彈性，就一定要保持髮絲內部的正常含水量。如果遇到天氣乾燥時，頭髮還會產生靜電，髮絲就不容易柔順了。因此適度的滋潤是必要的，若選擇含蛋白質成分的潤髮護髮品，還能使頭髮更加強韌。

兩頰較寬、氣質成熟的女性，適合輕柔的微捲，不要破壞原有髮型的層次結構，給人清新俐落的感覺。

亂中有序、看似蓬鬆亂捲的頭髮，是極易整理的捲髮造型，適合標準的橢圓形臉、嬌小玲瓏的年輕女性。

氣質典雅的現代淑女可以將頭頂部分和劉海保持直髮狀態，而齊耳下的頭髮燙成豐盈的大捲，塑造成捲中有直、直捲搭配的現代髮型。

圓臉、前額較窄的成熟女性，可以選擇服貼的劉海和大波紋的捲度，散發出迷人的成熟氣質。

Chapter 10.

皮膚護養

——生活品質和性情說明書

皮膚護養是女人熱中的話題。光滑的皮膚可以提升女人的魅力指數，而粗糙的肌膚會使女人的魅力大打折扣。

科學的皮膚護養分為「護」和「養」兩個方面。「護」是護理，「養」是保養，護理和保養的角度不同，護理重在外，保養重在內。護理需要把握防曬、清潔、按摩、化妝品使用等四個主要環節；保養應強調內調、運動、營養、心理四個要素。了解四大環節和四個要素，並掌握正確的護養方法，才能有效地護養肌膚。

防曬是保護皮膚第一要事。空氣的嚴重污染、大氣臭氧層的不斷破壞，紫外線帶給肌膚的傷害日趨嚴重，這是造成肌膚產生皺紋、色斑、乾燥、痤瘡、敏感，甚至是免疫力降低和皮膚癌等問題的首要因素。加強防曬意識，選擇科學合理的防曬方法是每個女人一生護膚的關鍵。

一般不宜選擇美白、控油加保養功效的防曬產品，這種複合功效的產品雖然很能迎合消費者的需求，但卻可能因為成分過於複雜，容易加重皮膚的負擔，引起皮膚敏感或毛孔阻塞。

最有效的防曬是在使用防曬化妝品的同時，再使用一些輔助工具來加強防曬效果，如陽傘、太陽眼鏡、穿長袖衫，等等，並務必儘量避免在陽光強烈時外出。

很多女人錯誤地認為，只有不斷地往臉上塗塗抹抹才叫護膚。其實，從專業美容的角度來說，護膚首先應該把臉上的髒東西清除掉，使毛孔通透，充分發揮皮膚正常的吸收、呼吸、排泄功能。潔膚是繼防曬之後的第二大核心美容步驟。

潔膚不是我們隨隨便便用毛巾抹一把臉，這種粗糙的清潔方式不僅對皮膚幾乎無益，甚至還是有害的。

潔膚有三個方面功能：一是要清除掉附著在皮膚上的污垢、塵埃、細菌等；二是要清除掉人體分泌的油污、汗液和老化的角質細胞；三是要徹底清除掉皮膚上殘留的化妝品。

潔面的時間一般不要超過3分鐘，因為潔面產品多為表面活性劑，停留時間過長，還會增加對皮膚的刺激。

潔膚之後還可做面部按摩。只要你能每天堅持2～3分鐘的面部按摩，就會得到意想不到的效果。堅持有規律的適度的按摩，可以促進血液循環、加速新陳代謝，有效地防止皮膚的皮下脂肪層鬆弛和老化。

按摩的時候一定要塗抹按摩產品，這樣按摩時就不會有拉扯皮膚的感覺。按摩時的摩擦力過大，會使肌膚鬆弛，加速衰老。以無刺激、純中性、適合東方女性膚質的按摩霜或精油最佳。如果你不打算購買專門的按摩產品，也可用面霜加一滴精華液調和之後來代替。

至於化妝品的使用，最好是多和一些化妝品公司的形象顧問接觸。（一般藥妝店也會有專業美容師可以諮詢）她們非常願意教給你一些簡單又實用的化妝常識，推薦給你一些適合你皮膚的化妝品。

Chapter 11.

吃的節奏

——女人怎樣才能吃出美麗

女人的美麗是吃出來的。吃什麼真的會長什麼，想漂亮的女人真的可以吃出美。

吃出美麗的吃法不是暴食暴飲，不是三天吃兩天不吃，更不是沒頭沒腦地猛吃傻吃。這裡所說的吃是有節奏地吃，有準備地吃，有選擇地吃，有心地吃，重調養地吃。

調養對於女人，如根對於花。有根，年年才有花香；無根，只能花開一時。同樣，有調養，女人才能時時光潤，歲歲滋養；沒有調養，女人花如斷了根，失水失養，則會過早凋零和枯萎。

女人的調養是一門學問，也是女性抵抗衰老的核心話題。現代人的調養有兩種方式，一是注重傳統和基礎營養的方式，比如注意果蔬、肉類、豆類、穀麥類，以及低脂和無脂食品的合理均衡攝取；二是選用科學而高效的健康食品，也就是常說的保健品。

女人應盡可能吃得自然。現代人越來越關心起有機食品來，雖然價格可能會貴一點，而且所含的水分更少，但它的固體物質和營養更多。

女人還應吃得新鮮。最好能在家裡做飯，最大的好處是新鮮，含有機成分，更有益於健康。不過，很多女人不具備這個條件，況且在忙碌了一天之後還要做飯，的確很令人頭痛。這樣，可以為自己準備一些營養豐富的沙拉，不會費多少時間。

不要吃速食等垃圾食品，多食用如豆腐、海帶、蘿蔔等鹼性食物，控制食用如雞肉、牛肉、玉米、啤酒等弱酸性食品。減少食物中的鹽分和糖分含量，以減輕內臟負擔，並應保持全天的飲食營養均衡，養成清晨空腹飲水的習慣，等等，這都是女人在吃的時候應該注意的。

還有一個環節非常關鍵，就是控制食量。進食不能夠有飽足的感覺，飽足感已經是進食過量的信號。常言說：「七分飽、活到老」就是很好的養生之道。過量進食，不僅直接影響體重，還會增加腸胃功能的負擔。

Part 8

怎樣打扮自己

Chapter 1.

梳妝打扮

——美麗女人都知道的化妝三件寶

當男人要想顯示他們對女性的吸引力時，會把臉上的鬍子刮得精光，頭髮梳得順直，穿上最顯精神氣派的衣服，打扮得整整齊齊……

我們按自己習慣的方法來塑造自己。我們自己創造出一個形象，然後再按這個自己「製造」出來的形象，進行自我美容。舉個例子，某公司有一個身材矮小的女祕書，她經常表情哀怨，穿著肥衣肥褲，素面朝天。這位女祕書身材略有些肥胖，超過正常體重約20磅，儘管她的五官不乏甜美，皮膚很好，細膩油亮，但也絕不會有人看上她的，因為她是故意這樣裝扮自己的。

另有一位職員，身材特別難看，她不管做什麼運動、穿什麼樣的衣服，都難以改變自己不雅的身材外型。但她每天都仔細妝扮，穿漂亮的絲質襯衣和做工精細的裙子，打扮得充滿神采。儘管如此，她還不能被稱為美麗漂亮。但這樣長此以往，她開始引起別人的注意了。

往臉上擦粉、描眉和抹口紅堪稱化妝的「三件寶」。長相一般的女子在化妝時，就憑著這「三件寶」，不用額外費的心思，就可以打扮得十分清爽出色。如果90%的女人懂得如何化妝，那麼女人的外貌就會有很大的改觀。

我們的鑒賞能力，會通過我們的梳妝打扮向外界反映出來。所以，在這方面缺乏技巧是不行的。要想掌握化妝技巧，就要大膽地、不斷地去實踐。請記住，得體的化妝可以反映出一個人內在的美，從而吸引到他人關注欣賞的眼光。

一個成熟的女人不會感到化妝品是不太自然的東西，也不會對把錢花在化妝打扮上感到憤憤不平。而大家更需要知道的是如何使用化妝品。如果你真的不會使用化妝品，那就開始學吧！

找一個專業化妝師，即使花上一點錢也沒有什麼大不了的，請這位專業化妝師教你。當專業化妝師給你化妝時，要抓住機會多請教。照著教的方法練習化妝。對化妝這門技術要不斷地練習！練習！再練習！

持續、大膽的實踐可以使你的化妝技巧十分出色。當你熟悉了一種化妝方式後，不妨時不時地再來點兒新花樣。一個女人可能多少年來都習慣於一種化妝方式，直到年紀不允許使用這種化妝方式才甘休。這並不值得提倡。何必拘於可憐的幾種常用方法？化妝方法多種多樣，就像我們的衣著一樣，是絢麗多彩的。不妨試一試其他的化妝方法。只要你膽大心細，善於觀察和領悟，就一定能用不同的色彩妝扮出迷人的風姿。

Chapter 2.

服飾符號

——你的衣裝透露出來的十個身分祕密

你的一切全都寫在你的服飾上。

美國一位總統禮儀顧問威廉・索爾說：「當你走進某個房間，即使房間裡的人並不認識你，但從你的服飾外表他們可以做出以下十個方面的推斷——個人收入、受教育程度、可信任程度、社會地位、成熟度、家族經濟狀況、家族社會地位、家庭教養背景、是否成功人士，以及品行。」

服飾覆蓋了接近90％的身體面積，往往當我們還沒有看清或觀察到對方的容貌，來不及揣測對方的心理狀態時，大面積的服飾已經給出了重要的提示。我們生活在一個匆匆而過的「街道文化」中，無論你喜歡與否，在未來社交中起決定作用的是你留給他人的第一印象。你的信譽感，以及你終生在他人心中所處的位置，往往都是通過最初的印象建立起來的。

快節奏的生活中，人們很難對初次交往沒有興趣的人，再進行第二、第三次和長期交往。這種超乎個人能力的潛在力量影響著人的未來。今天，我們處在越來越強調個性、平等、自由的社會中，服飾更具有強烈的社會屬性和文化屬性。它明顯被打上了社會符號，它以它特有的審美功能創造了形形色色、風格各異的人群和階層。

服飾是人的品位、感情、心態、個性等集中的物化，服飾也是一種藝術，像學習其他藝術一樣，同樣需要了解基本常識和正確的實踐運用。

用好的服飾也是一種能力。有些女人，之所以出眾和迷人，除了修養和氣質之外，她們對時尚流行的敏感度，對服飾修飾的控制力，似乎有天然的獨特的駕馭能力。

其實，主導這種駕馭力最重要的是個性，服飾是思想和個性的形象表達。無論流行什麼風格，這些女人能用自己的思想和個性主導自我的表達風格，她們最擅長的是揚長避短，能夠選擇出烘托自己體型、氣質的服飾和裝束。有個性的女人是有個性精神的，她們喜歡表達個性，也喜歡不斷地嘗試創新，喜歡和別人不一樣的感覺。久而久之，越來越富有個性的創造性，反而越來越有獨特的韻味和氣質。

一些缺乏個性的女人，儘管穿滿了名牌，卻仍然是空洞的，沒有靈魂和魅力的，甚至是庸俗和令人生厭的。個性是品位女人的內涵，是魅力女人的一種精神，是你鮮活的社會符號。

Chapter 3. 服裝搭配

——女人在夏天怎麼打理自己

在炎熱的夏天，即使平日衣著比較講究的女士們，也可能會喪失職業的敏感性，暴露出內心的狂熱和一種對形象的忽視。

因為炎熱的天氣似乎意味著女士們可以脫下厚厚的「盔甲」，去掉那些緊身厚實的衣服和鞋。而且隨著夏天的到來還有無袖、低領罩衫、透明的迷你裙，這些看上去既隨便又無職業女性特點的服裝，使得往日的威嚴一掃而空。

卡耐基夫人的建議很簡單：當夏天來臨的時候就應該待在涼爽的地方，這並非指你一定要選擇一個裝有空調的辦公室，而是指你的穿著要既莊重典雅，又要使你感到輕鬆的涼意。

女性很容易接受那些女性雜誌上，有關能穿得非常休閒有趣的意見，認為那樣就會給自己加上一道風姿綽約的風景。

有的女性參與了具有高創造性的工作，或工作在可以自由穿著針織衫、斜紋布迷你裙的不拘小節的環境中。要牢記的是：你仍然生活在現實世界中，這個世界要求你在任何時候，都要保持嚴肅莊重的形象。

要明白，如果你自己不這樣做，別人為什麼非要如此呢？

如果你生活的環境是陽光明媚，氣候溫和，那麼毫無疑問，你的同事和上司們很難覺察到你外型上的細微變化。

服裝的質料一定要輕柔一些，顏色也一定要偏淡些。而且還要記住，在參加每個會議時，你都要自始至終穿著外套，只有當你的上司脫下或主持人建議你脫下外套時，你才能脫掉。罩衫應該是短袖或圍蓋式袖，最好不將無袖襯衫穿進辦公室。

如果你工作的辦公室裝有空調，那還是穿上絲襪吧。襪子一般還淺柔的中性色素，這種顏色與你的服裝搭配比較協調。無論你的手臂長得如何，赤裸著腋窩對你的職業形象，都不會有絲毫的益處，更何況，其他職員們都沒有赤臂露膀，那你又有什麼理由讓自己這樣做呢？

褐灰色、銀白色和淡灰色是夏季最令人歡迎的，與冬天人們常穿的深藍色、黑色和棕色等顏色的調劑色。

還有，與夏季服裝的顏色相配的鋥亮的皮鞋，比在冬季更受女士們的歡迎。

Chapter 4.

服飾整體效果

——著裝的三層境界和四個原則

選對服裝僅僅是著裝第一步，搭配不好同樣沒有品位。

著裝有三個層次，也可以說是有三層境界：第一層次是和諧，第二層次是美感，第三層次是個性。

每一個層次僅僅靠服裝本身幾乎是無法完成的，越高的層次和境界越需要借用搭配來完成。搭配通常有三個方面：一是服裝與服裝之間的搭配，比如上裝與下裝，內裝與外裝等；二是飾品與服裝的搭配；三是服裝、飾品與人體的搭配。

搭配是一門藝術，涉及面極為廣泛，同時，搭配對女性來說又是一種情趣。開始的時候，你可以試著從以下基本的搭配原則入手：

強調整體視覺效果，也就是注意著裝的整體外型，這是評判著裝形象和品位的先決條件。整體感搭配的要點是，如果你要表現權威感，應選擇線條感強，挺直、平整外型的服裝；如果你要表現嫵媚感，則應選擇曲線豐富，柔美外型的服裝。

平衡和對比效果的外型搭配，應注意平衡和對比兩種方式。平衡的搭配，有和諧、寧靜、優雅的效果特點；對比的搭配，具有個性、時髦、誇張、動感的效果。獲得平衡和對比搭配效果的手段，是借用服裝的形態、材質和色彩的變化。

通常上下裝的服飾宜採用同面料或同質感的服飾，這種搭配易於掌握，這是平衡性的搭配方法。缺點是不夠個性化，有時顯得單調，因此也可適當地採用加入不同質料，創造豐富搭配效果的對比方法，如粗細織物對比，硬軟織物搭配等等。

善用色彩是搭配中最重要的元素之一，有人說它是整體服飾的靈魂和支柱。色彩搭配的方式很多，常用的有不同色系的搭配，比如紅、橙、黃、綠、青、藍、紫不同色系的搭配；同色系的搭配，是指紅、橙、黃、綠、青、藍、紫中某一色不同明度，不同深淺的搭配；鄰近色搭配，依照紅、橙、黃、綠、青、藍、紫排序鄰近色的搭配，比如紅和橙，黃和綠的搭配；互補色的搭配，即對比色的搭配，如紅與藍綠，藍與黃綠的搭配；無彩色與有彩色的搭配，是指黑、白、灰無彩色與有彩色的搭配方法等。

總之，你得把自己當作一個整體來對待，協調身體各部位的關係，注重整體效果。

Chapter 5.

品味聚焦點

——購買高品質飾品的若干講究

飾品對於男人和女人的意義是不同的。對於男人象徵著權貴；對於女人則是點綴裝扮，是審美品位和生活品質的聚集點。一個「點」和一個「綴」，把飾品賦予女人的意義準確生動地表達了出來，給紅花幾片綠葉，把花兒襯得完美而生動。

選購飾品首先要考慮與服裝搭配的可能性，任何一件好的飾品如果缺少這種特性，便不是屬於你的飾品。飾品要能夠豐富服飾的表達力，或是能夠提煉服飾的主題，或者能夠表達出你的審美情趣。

飾品分為高、中、低三個檔次。選購飾品首先應適合你的消費能力。高檔的飾品品質感較強，一般多用於重要的社交場合。飾品的品質應與服飾、髮型、面部修飾的級別相一致。有時搭配得巧妙，用高檔的佩件配普通服裝，可提高服裝的品質；或高品質的服裝與低價的佩件搭配，可提高佩件的品質。

飾品可以多重使用，也可以單一使用。購買時應盡可能買到能多重使用的飾品，為這類飾品多付一點錢也是值得的。這類飾品可以用在晚裝、日裝、職業裝等兩個以上的場合；或可以與兩個以上色彩的服裝相搭配，能配合兩個以上季節的服裝。此外，要能與你衣櫃中三種以上的服飾相搭配，這是對你很有用的飾品。那些只能單一搭配，或只能與衣櫥中一兩件衣服搭配的飾品，是單一飾品，這類飾品儘管色彩和樣式很誘人，但放置的時間會比使用的時間多，所以購買時要好好權衡。

質地是購買飾品需要特別注意的，你要盡可能選擇做工好的飾品，不管是珠寶、金銀、象牙、石材、木材、金屬或人工複合材料，做工是首要考慮的因素。任何質地好的飾品，都可能是有用的飾品，都可以用在相應的場合、季節搭配不同質料的服裝。做工差了，沒有品質和品位，即便是珠寶飾品也很難有使用的價值，只能算是一件廢品。

飾品通常是體小而質精的物品，多用在頭、頸、胸、腕、腰等這些表現力強的人體重要部位，有很強的視覺影響。因此，不要為了飾品而使用飾品，恰到好處和畫龍點睛是使用飾品的基本原則。

飾品含有較強的隱喻性，比如珠寶和金銀佩件，它的價值和光澤隱喻了富有、華麗；象牙、石質、木質飾品隱喻較強的厚度、質感和溫度；水晶、玻璃等飾品有透明、明快、純潔，以及清涼感。

購買飾品要考慮飾品的點、線、面與體型的關係。飾品點綴在人體重要部位，要格外注意與體型的關係。比如說身材矮小的人適用細小的項鍊，不適用粗壯或長長的掛件；身材矮小、粗壯的人，幾乎不能使用露在身外的腰飾；身材苗條而身高不錯的人適於各種配件，但不宜從頭到腳全副裝扮，既過於累贅，也會露出俗氣。飾品中表現力最強的是項飾和圍巾，其次是腰帶和手袋。

飾品是女人的心愛之物，是女人身上的藝術品。好女人是要去讀的，有了好的飾品便多了值得讀的東西。

不少人捨得花錢買服裝，不捨得花錢買飾品。其實，好的飾品的效用常常大於好的服裝。不配飾品的服飾很難有品位。服裝是服裝師的作品，搭配才是你的作品。

Chapter 6. 項鍊佩帶

——視覺中可讀性最強的裝飾佩件

衣服有領口，領口露出女人的身體，身體透出迷人的吸引力，於是女人有了貼近身體醒目的裝飾——項鍊。

項鍊一直以來就是受女人寵愛的飾品。

項鍊是視覺中可讀性最強的裝飾佩件。

項鍊佩帶的位置很搶眼，可以直接將人們的視線引向最具女人特質的臉部或胸部。

正因為如此，選項鍊一定要考慮幾大因素：頸部形狀、面部輪廓，以及胸部的大小。

粗頸的人不宜用粗壯和誇張的款式；短頸的人不宜用複雜和色彩搶眼的款式；圓形臉不宜用棱角分明、線條感強的款式；線條分明的臉不宜用圓形輪廓的款式。

胸部小的宜選擇組成元素小而精巧、不要太長的項鍊，這樣，脖子可以吸引他人目光；如果選用長的項鍊，目光落在胸部，反而會顯出胸部的缺陷。

胸部豐滿的可選用組成元素大的長項鍊，既可襯托胸部的豐滿性感，又讓胸部有高度感，使整體比例趨於和諧。胸部過大的女人應戴短項鍊，在視覺上，通過強調胸部的高度，使胸部有種縮小的感覺。

選擇項鍊，尤其是時裝項鍊時，還得講究與時尚合拍。當下流行服裝混搭風格，項鍊的流行特點是長短各異、粗細不一相組合。

混搭組合的要點是材質、款式、色澤、長短、粗細之間的對比和統一的協調感。

比如，體積較大的單墜鏈配上排列式小墜飾的短鏈，或將大小珍珠做層次佩帶，是實用又好掌握的法則之一。有時也不一定非要用2～3條項鍊，用不同材質的緞帶取代鏈子，也是很好的創意。帶些小Y字鏈造型的中長鏈，利用有些分量感但色彩淡雅的串鏈，也能達到彌補頸部空間的效果。銀色的金屬細鏈子與透明水晶、琉璃、琥珀等質感的材料，巧妙地配搭，營造出富有個性，既美豔又性感的效果。

另外，將一串長長的項鍊層疊纏繞也是不錯的方法。尤其是對個子高的成熟女人，穿晚裝、套裝或高領毛衣時佩帶，往往能產生時尚、優雅的效果。

Chapter 7. 學會化妝

——一套簡便而考究的化妝工具

化妝與畫畫有些相似，一幅好的繪畫作品不僅需要好的顏料以及畫布，更需要創作者有很好的創意和表達技巧。同樣，完美的妝容不僅需要品質較好的化妝品、健康的肌膚，也需要你具有良好的審美眼光。

化妝最難的不是技巧，而是審美眼光。就算你能任意描畫出各式各樣非常精美的眉毛，能勻抹出具有專業技巧的眼影，但如果你的審美有問題，整體妝容也會顯得粗俗，既不美，也談不上有品位。

培養審美鑒賞能力，是一件漫長的和不容易做到的事情，一方面需要不斷地加強文化修養；另一方面可以通過影視、書報、雜誌等，留心和琢磨優美人十的各色得體的妝容，積累多了，在妝容方面的審美能力多會大大提高。

最後，你還要把握一個基本要點，即重點化妝的部位應該是最有優勢和美的部位，不易過多地表現不足的部位。比如：你的唇部條件不好，如果超出了化妝可調整的限度，就不宜強化了，過度強調反而會突出有缺點的部位。

化妝是要反覆練習的，對平日化妝不多且沒有經過專業訓練的人來說，每次有社交活動時，應急化妝是遠遠不夠的，往往會因效果不佳而影響化妝的興趣和自信心。化妝練習，有時可以在臉上直接練習，比如眉毛和唇形，不過僅靠臉上的練習是不夠的，以一天平均化兩次妝計算，一年也不過幾百次。

你還可以在紙上畫，反覆練習。化妝練習只畫幾百次遠遠不夠，不足以達到隨心所欲的自如境界。女人面部的線條和色塊，哪怕只是細微的變化，也會影響美觀，甚至會造成性格、氣質等外觀上的變化，練習時需要多加體會和摸索。

好的妝容要用好的化妝工具來完成，你要有一套簡便和品質考究的化妝工具，並學會使用和養護。化妝包是開啟女人美好、愉悅心境的伴侶。

你要選購一個精美、愛不釋手的化妝包，裝上心愛的每件隨身化妝品，即便不能件件都是名牌產品，但一定要有一兩件你珍愛的產品，女人擁有一兩件名牌化妝品，會有一種踏實和欣慰的感覺，它會帶給你希望和期待感。一個精美玲瓏的化妝包，可以無時無刻地浸潤和滋養嚮往美的喜悅心靈之中。

化妝品質量對化妝效果有直接影響，如果你無論如何描畫，妝容始終不理想的話，常常不是技術問題，而是使用的產品品質有問題。在化妝品的選用上，應該根據消費能力，盡可能選擇品質好的產品，特別是使用頻率較高的彩妝品，如口紅、粉底、眉筆等。彩妝品每次用量不多，一件產品可以用較長的時間，好的品質是非常重要的，它的質地感、色彩感、細潤程度等通常差異都很大。

化妝的本意是為了美，而不是為了有顏色，沒有好的產品，顏色是有了，而美卻沒有得到保證，這就違背了化妝的初衷。

Chapter 8. 化妝才會積極

——最常用的三類妝容方法

化妝的女人是積極的，會化妝的女人是聰慧的，懂得在什麼時間什麼場合畫什麼妝的女人，是有品位的。化妝忌諱孤芳自賞，你不能僅僅以自己的喜好和情緒畫你的妝容——僅僅為漂亮化妝是不夠的，你還需要懂得在什麼場合畫什麼妝。

目前，一些書刊介紹的各式妝型讓不少女性無從下手，其實最常用的妝容只有以下三大類：

1．辦公室妝容　辦公室妝容整體上應具有較強的包容性，能夠與服飾和辦公室氣氛融為一體。妝面應潔淨、自然、生動，妝容應講究、精緻，適於與內外人士近距離的接觸和交流，保持良好的工作形象。色彩淡雅是辦公室妝容的基本著色要點。你必須明確你化妝的目的是為了有益於工作，而不是讓自己如同明星般脫穎而出、光彩奪目。辦公室通常有冷色和暖色兩種光源，你要考慮不同光源下妝容效果的差異，嘗試著調整出最適應自己膚色和在特定的光源下，適宜的妝容。

2．社交妝容　社交妝是用於社交場合的妝容，代表妝是晚妝，或稱晚宴妝。晚宴妝通常是在典型的暖色光下，氣氛濃重的環境中使用的妝面，是化妝技藝中要求較高的妝型，通常有高貴、優雅、性感、冷豔四個主題。你能夠塑造哪一個主題？不僅需要相應的妝容，還要與你的服飾和氣質、風度相配合，有的人可以適應四個主題，有的人只能適應一個或兩個主題。

晚妝是在完全沒有自然散光的光線下的妝容，較容易表現輪廓感。畫好晚妝，你要學習修容化妝技術，也就是學會用明暗和線條勾勒等的方法，豐富你的輪廓感。晚妝較多用紫色、玫瑰紅色、銀灰色、藍色等突出主題的色彩，並較多用帶有螢光的眼影或用於凸出部的高光色，在晚間的燈光下與有光澤的服飾相輝映，提高晚妝奪目的表現力。

晚妝的重點是眼睛、口紅和腮紅。除了選擇適宜的色澤之外，畫好這些部位立體的層次非常重要。如口紅，你可以營造三個層次的感覺，唇部外延色彩偏重，有較好和精細的輪廓，唇部主體為主體唇色，中部可選擇淺色或白色，也可選擇富有光澤的唇彩或唇油，造成生動、豐富、迷人的立體效果。

色彩是提高亮度的一個重要手段，通常晚妝著色較平日更濃重一點，當然切忌走向極端，過於濃豔的女人，大多是粗俗或最不受歡迎的女人。

3．戶外妝容　自然光線下，特別是陽光下，容易表露皮膚的本質。膚質好的人，妝容可本色一些，更多地表現你良好的天然姿色；膚質差一些的人，妝容應重一些，以更好地遮蓋你的皮膚問題，比如用遮蓋能力強一點的粉底等。室外光線充足，使用的粉底儘量與膚色接近，不宜使用過白的產品，避免妝面與皮膚不吻合，造成技術拙劣和讓人難以接受的感覺。化妝的色彩可以明快一些，有室外活躍的氣息和行動的動感。

Chapter 9.

體態美

——優雅的女人怎麼站、怎麼走和怎麼坐臥

人體的骨架由206塊骨頭組成，骨骼支撐著女人的血肉和靈魂。最美的女人，體態也是優美的，也許她體型略胖或瘦一點，但是體態一定是優美的。體態端正而挺拔，是體態美基本的要素，好的體態不僅是女人外在美的基礎，也表現著女人對生命的態度，和對未來的追求。

身心和諧的女人，體態是柔和舒展的；積極進取的女人，體態是挺直端莊的；心胸豁達的女人，體態是雍容飽滿的；優雅高貴的女人，體態是優美動人的；善良溫柔的女人，體態是柔美感人的。

體態是女人靈魂和內在精神的物化，女人的體態、品質和性情應該是和諧統一的，尋找和修煉適於自我風格的體態，是魅力女人又一門重要的修煉課程。

女人有靜態和動態兩種美的形態，女人的曲線、質感、舉手投足是最為動人心魄的美，是在兩種狀態中交替表現出的美，要想獲得形態上的美，要從人體的幾種基本姿態做起。

一個優雅的女人不僅僅要學會怎麼站、怎麼行走、怎麼坐臥的基本形態，還要學會日常工作生活中常用的姿態，比如攜帶和提拿物品、下蹲、讀書、打字、打電話、談吐等的姿態。你在家裡應該安裝一面足夠大的落

地鏡子，以便可以經常在鏡子前練習最佳的基本姿態。你還需注意如下的體態問題：

1．隨時注意自然身姿，重點是收腹挺胸。專家的美麗祕訣是「提收鬆挺、持之以恆」。

2．感覺脊椎、胸前、尾椎呈一直線，向上牽引，頭部朝天。

3．提拉頸部，舒展盤骨，使頸椎引導脊椎，處於正確的正位狀態。

4．無論是站、坐、行、蹲、抬頭或低頭，腰、胸、背部都應儘量保持挺直。體態是女性氣質所在，挺拔和舒展表現的核心。

5．避免不良歪七扭八的體態習慣，比如斜肩、駝背、隆腹、蘿蔔腿、內外八字等。

6．體態保持合宜端正，動作和諧自然，避免怪異動作，肢體形態應規範緊湊。

7．梳理和疏通體內循環氣息，促使內分泌系統正常有序，保持良好和健康的身體機能。

8．學習正確的體態知識和形體禮儀，諸如如何就座、如何行走、握手、舉杯、交談、接待等姿態的禮儀常識。

Chapter 10. 身體柔軟度

——初級而簡單的伸展運動怎麼做

「陰柔之美」是女性所具有的一種特質，它既體現於情感、性格等內在方面，又表現於身體柔美程度的外在方面。身體的柔美度取決於身體的曲線起伏度和柔軟度，長期從事舞蹈工作的人身材不但很美，身體的柔軟度也相當好。

沒有誰比你身體的柔軟度，更清楚你的年齡。

什麼是身體的柔軟度？

它是人體各關節和肌肉所能伸展的最大範圍，四肢和軀幹在此範圍內能得到充分伸展而不會有疼痛感，它可以反映你的骨骼、關節、關節周圍的肌肉、皮膚與組織的狀況，還可反映你的運動情況。良好的身體柔軟度可以增加我們身體的韌性和靈活性，增加身體的美感和協調性，具有抗傷害能力和提升運動靈活性的能力，同時還可抗關節、骨骼老化和身體的衰老，預防與骨骼、關節相關的疾病。

事實上，並不是每位女性都有好的身體柔軟度，加之隨著年齡的增長，骨骼、關節漸趨老化和僵硬，身體柔軟度會變差，身體易過早出現老態。因此，我們很有必要進行訓練以增加身體的柔軟度，抵抗身體的衰老，矯正不良的體姿。

訓練身體柔軟度的運動最核心的就是擴展關節的活動範圍，刺激關節周圍的肌肉，使肌肉充分伸展，讓僵硬緊繃的肌肉得到舒解，因而常被稱作伸展運動。這類伸展運動又可分為兩種，一種是動性伸展；另一種是靜性伸展。

動性伸展是以肢體明顯反覆的彈動方式，來達到擴展關節的運動，像傳統的徒手體操，就屬於這一類動性伸展運動。

靜性伸展是目前很熱門、也最為大家所推崇的運動方式，如普拉提、瑜伽等，要求在身體的極限範圍內伸展，不強求你做到什麼程度，動作緩慢有節奏，動作之間有停留放鬆的間隙，每完成一個動作後要保持靜止狀態10～30秒鐘，然後再慢慢復位，在練習過程中，你的關節會慢慢地伸展開來，身體的柔軟度會逐漸得到提高。

除了借助伸展性運動增加身體的柔軟度外，我們平時還可用一些零散時間抽空做些初級而簡單的伸展運動，比如：

1．頸部一百八十度繞環　做一百八十度向前或向後的半圈式繞環頸部運動，可活動頸關節、頸椎和頸部肌肉，預防頸周疾病和脖頸僵硬。

2．直立體前彎　身體前彎，膝關節微彎曲，這個動作有利於柔化腹部，避免腰部僵硬和老化。做這個動作的時候，注意不要過度前彎，以免造成腰椎韌帶及股部肌內過度伸展、膝蓋後方疼痛及背脊疼痛等問題。

3．壓腿　無論是側壓還是前後壓腿，只要堅持進行，能使腿關節和全身的肌肉柔軟度增加，尤其能使腰　關節和膝以上的肌肉和韌帶，增加彈性和耐受力，可以改善腿部肌肉的線條。

Chapter 11.

控制體重

——減重和控重的根本區別

把保持體型當作一生最重要的事來做。控制重量的難度遠遠高於減重的難度，減重和控重的區別在於：減重是階段性的；控重是長期的，年復一年的。不少女性能夠減重，卻很難堅持控重，一旦心血來潮，又是吃減肥藥，又是做減肥療程，幾乎絕食，雖然在短期內也許大有成效，但難以堅持下去，不僅不能保持好的體型，還可能損害身體健康。

保持體重不是一朝一夕的事，首先你要給自己制定一個飲食計畫，根據自己的形體條件，非常嚴格地執行這個計畫，你的計畫不能過於複雜，複雜了是很難堅持的，以下三點是你必須注意的：

1．長期控制食量　年輕的時候你的食量還可以掌握在七、八成飽，中年以後五、六成飽就可以了，你不能有飽的感覺，你的食物中只要含有了適量的五大營養素，就不能再多了。不足的方面可通過補充維生素、微量元素等高品質的健康食品來彌補。堅持控制食量是件極難的事情，不少人可以堅持減食或節食一餐兩餐或者一段時間，之後大吃一頓，這是控制體型的大忌。胃是有伸縮功能的，當你的食量長期保持在一個範圍內，胃的伸縮也在相應的平衡狀態下，你會減少或不再有過多的饑餓感，控制體重也成為身體能夠適應的良性循環。

2．避免高脂肪和過油的食品　如果你還年輕，體型還算不錯，你還可以稍微享受一下這類美味食品，中年以後是一定要控制的。女人想要美麗一定要有毅力，形體幾乎是你最有能力掌握的美，千萬不要在滿足和放縱一時的口感中，斷送了自己美麗的前程。

3．戒掉甜食　連續吃甜食體重是一定會增加的。儘管巧克力的芳香、冰淇淋的美味還是很有誘惑力，但是看一看、欣賞一下也就算了，最多放在舌頭上品一下，也算是很享受了。

4．多運動　飲食是控制體型最為核心的一個環節，另一個核心環節是長期堅持充足的運動。身材保持好了，的確是一件很愉悅的事情，輕鬆、敏捷、幹練。現實生活中我們發現，那些能夠控制飲食、控制體重的女性，尤其是中年以上的女性，她們往往比較少見高血脂、高膽固醇、高血壓等「三高」疾病。

不過，控制體重仍然是要以健康為前提的，一定要注意營養的搭配和均衡，因為只有健康的身體才會讓人充滿活力，這份活力將為身為女人的你帶來——好臉色、好氣色、好身材，與好的命運……

〈全書終〉

國家圖書館出版品預行編目資料

自信就是天生的優雅／莉莉安著 -- 初版-- 新北市：
新潮社文化事業有限公司，2023.04
面；　公分
ISBN 978-986-316-872-0（平裝）
1. CST：自我肯定 2. CST：成功法

177.2　　112000953

自信就是天生的優雅

作　　者　莉莉安
主　　編　林郁
企　　劃　天蠍座文創製作
出　　版　新潮社文化事業有限公司
電話 02-8666-5711
傳真 02-8666-5833
E-mail：service@xcsbook.com.tw

印前作業　東豪印刷事業有限公司
印刷作業　福霖印刷企業有限公司

總 經 銷　創智文化有限公司
新北市土城區忠承路 89 號 6F（永寧科技園區）
電話 02-2268-3489
傳真 02-2269-6560

初　　版　2023 年 5 月